Evelyne Binsack (1967), aufgewachsen in Hergiswil (Kanton Unterwalden), ist diplomierte Bergführerin und Helikopterpilotin. Vor ihrem Gipfelerfolg am Mount Everest (2001) bestieg sie die exponiertesten Alpenwände. In Pakistan (Karakorum) unternahm sie Erstbegehungen, in den Anden und in Patagonien einige Expeditionen. 1999 wurde sie durch die Sendung »Eiger Nordwand Live« (SF DRS) als Alpinistin einer breiten Öffentlichkeit bekannt.

Heute lebt Evelyne Binsack in Innertkirchen, arbeitet als Helikopterpilotin und hält Referate für Führungskräfte. Den Mount Everest hat sie 2005 zum zweiten Mal bezwungen. Ihr nächstes Ziel: zu Fuß allein zum Südpol! Seit drei Jahren plant sie die Tour, sucht Sponsorengelder in Höhe von einer halben Million. Mindestens.

Die Deutsche Bibliothek – CIP-Einheitsaufnahme
Ein Titeldatensatz für die Publikation ist bei
Der Deutschen Bibliothek erhältlich.

NATIONAL GEOGRAPHIC ADVENTURE PRESS
Reisen · Menschen · Abenteuer
Die Taschenbuch-Reihe von
National Geographic und Frederking & Thaler

2. Auflage März 2006
im Frederking & Thaler Verlag GmbH, München
Lizenzausgabe mit Genehmigung des Werd Verlages, Zürich

Titelfotos/Fotos: Evelyne Binsack
Umschlaggestaltung: Petra Dorkenwald, München
Herstellung: Caroline Sieveking, München
Druck und Bindung: Clausen & Bosse, Leck
Printed in Germany

ISBN 3-89405-221-X
www.frederking-thaler.de

Das Papier wurde aus chlorfrei gebleichtem Zellstoff hergestellt.

EVELYNE BINSACK

SCHRITTE AN DER GRENZE

Die erste Schweizerin auf dem Mount Everest

Verfasst von
Gabriella Baumann-von Arx

NATIONAL GEOGRAPHIC
FREDERKING & THALER

»In die Berge gehen« – das brachte ich lange Zeit in Verbindung mit Knickerbockerhosen und roten Socken. Mit von Fett glänzenden, ungewaschenen Haaren und Schweißrändern unter den Achseln. Und mit in verfilzte Schnurrbärte triefenden Rotznasen.

In die Berge zu gehen, war mir als Kind ein Gräuel. Ich ging trotzdem. Weil ich musste. Denn in Hergiswil, im Kanton Nidwalden, wo ich, am Fuße des Pilatus, aufgewachsen bin, sind sonntägliche Familienspaziergänge immer gleich Wanderungen. Die Berge sind nah. Zu nah, fand ich damals. Heute können sie mir nicht nah genug sein. In Beatenberg, wo ich lebe, sehe ich, wenn ich morgens aus dem Bett steige, Eiger, Mönch und Jungfrau. Abends sind die Gipfel von der untergehenden Sonne in pastellfarbenes Rosa getaucht. Manchmal sind sie besonders schön, weil der Himmel darüber vor lauter Kälte leuchtend blau ist. Und mit blau meine ich dieses spezielle Blau, dieses Blau, das ich in Gletscherspalten finde. Hell ist es, eisig schimmernd, fast durchsichtig. Wenn ich es sehe, dann denke ich an das Wort »rein«. Ja, ein reines Blau. Eines, das kein Künstler je so malen könnte. Weil nichts wirklicher ist als die Wirklichkeit. Fassbar gewordene Natur.

Ich könnte hier auch von Gott sprechen. Ich rede mit ihm. Oft. Ich spüre ihn, sehe ihn. In jedem einzelnen Windhauch, in jedem Eiskristall, in Blumen, die da wachsen, wo es gar kein Wachsen mehr gibt. An Felswänden. Meine Mutter vermittelte mir Religion auf eine ganz besondere Weise. Eines unserer Rituale war das Kreuzeichen, das sie mir unzählige Male mit geweihtem Wasser auf die Stirn zeichnete.

Seit wann ich mich zum Mount Everest hingezogen fühlte, weiß ich nicht mehr – nur daran erinnere ich mich: Meine Mutter hat mir – in einem Gedicht – zu meinem zwanzigsten Geburtstag Glück für den Achttausender gewünscht. Dass mein Wunsch einmal in Erfüllung gehen würde, davon konnte ich lange Zeit nur träumen.

Als ich eines Tages nicht mehr träumen, sondern meinen Traum in die Tat umsetzen wollte, ging ich auf Sponsorensuche. Und fand einen Geldgeber, der bereit war, die finanziellen Mittel von 35000 Dollar für mich aufzubringen.

Als ich mich zu meinem Abenteuer Mount Everest aufmachte, gab mir meine Mutter ein Fläschchen Weihwasser mit auf den Weg. Es hat – auf 8700 Metern über dem Meer, in der Todeszone – geholfen zu überleben. Nein, nicht mir. Aber davon später.

Mich hat der Mount Everest verschont, mehr noch, er war gütig zu mir, hat mir zwar alles abverlangt, aber auch alles gegeben. Zwischen meinem Abflug aus der Schweiz am 31. März 2001 und meiner Rückkehr am 4. Juni 2001 liegen nicht nur viele Nächte im Zelt, sondern unzählige bereichernde Erfahrungen, großes Glück, neue Freundschaften und die Gewissheit, dass Mut nichts mit der Abwesenheit von Angst zu tun hat, sondern mit der Fähigkeit, diese zu erkennen, um sie zum eigenen Vorteil nutzen zu können.

Wäre der Mount Everest mit seinen 8850 Metern nicht der höchste Berg der Erde, wäre es dort oben ruhiger. Es lägen keine leeren Sauerstoffflaschen herum und kein Müll. Der Berg hätte seinen Frieden. Und die Sherpas und Yak-Männer hätten keine Arbeit.

Der Mount Everest wird am häufigsten über die Süd- und die Nordroute bestiegen. Die Südroute liegt in Nepal und ist – trotz der Mehrkosten – die beliebteste Variante, um zum Gipfelerfolg zu kommen. Sie birgt jedoch eine große Gefahr: den Khumbu-Gletscher, eine Eiswüste mit sich ständig verschiebenden Spalten und haushohen Eistürmen, die jederzeit zusammenbrechen können. Es sind die Sherpas, die diesen Gletscher überhaupt begehbar machen, da sie Jahr für Jahr neue Wege ins Eis schlagen und durch Fixseile und Leitern ein Vorwärtskommen überhaupt erst ermöglichen.

Die Route im Norden liegt in Tibet, ist ursprünglicher, alpinistischer und interessanterweise nicht so beliebt. Weshalb, das kann ich nur schwer erklären. Zugegeben, sie ist windiger und kälter als die Südroute, aber so eisig kalt ist sie nun auch wieder nicht. Der Wind hingegen ist ein Problem, immer Wind, ständig Wind, das ist sehr Energie raubend.

Die Nordroute birgt weniger Gefahren als die Südroute: keinen bedrohlichen Gletscher, keinen Eisschlag, keine Spalten und weniger Lawinen. Die Lawinengefahr besteht erst ab 8100 Metern und auch dann nur, wenn es viel Neuschnee gegeben hat. Die Route hat – wie könnte es anders sein – auch einen Nachteil: einen langen, flachen Grat. Er beginnt auf 8600 Metern. Um ihn meistern zu können, wird das letzte Biwak auf 8400 Metern errichtet. So hoch wie nirgendwo sonst auf der Welt. Links und rechts dieses Grates wird man von einer unendlich scheinenden Tiefe begleitet. Auf der einen Seite bricht die Nordwand 2000 Meter gegen Tibet ab, auf der andern Seite die Ostwand 3000 Meter gegen Nepal. Man geht buchstäblich auf Messers Schneide. Auf den glatten Kalkplatten finden die Steigeisen keinen festen Halt, und man gewinnt kaum an Höhe. Auf 8600 Metern ist das äußerst kräftezehrend.

Meine Entscheidung für die Nordroute hing vor allem damit zusammen, dass ich mich der Expedition des Neuseeländers Russell Brice, der in Chamonix lebt, anschloss. Russell organisiert seine Expeditionen auf den Mount Everest immer von Norden her. Nie von Süden. Warum, weiß ich nicht, ich habe ihn nie danach gefragt. Aber seit ich selbst in Tibet war, kann ich es mir vorstellen. Tibet hat eine fesselnde Magie. Die Kultur des Landes, seine Menschen und seine Religion sind von einer unglaublichen Intensität. Das Land ist 2,5 Millionen Quadratkilometer groß und hat sechs Millionen tibetische Einwohner. Unter ihnen leben 7,5 Millionen Chinesen als Folge der Besetzung Tibets, die im Sommer 1949 durch die chinesische Volksbefreiungsarmee begann. Sie brachte weit über einer Million Tibetern den Tod und führte zur mutwilligen Zerstörung von mehr als 6000 Heiligtümern. Die Tibeter haben sich der Besatzungsmacht nicht gebeugt, haben die chinesischen Werte nicht übernommen, leben ihre Kultur und vor allem ihre Religion, den Buddhismus. Allen Repressionen und Demütigungen zum Trotz träumt das stolze Volk ihn noch immer, den Traum, eines Tages wieder autonom leben zu dürfen.

Es ist vielleicht die Geschichte Tibets, die Russell fasziniert und ihn immer wieder von Norden her an den Berg gehen lässt. Die Sherpas und Yak-Männer, die jedes Jahr für ihn arbeiten, nennt er liebevoll »meine Familie«.

Russell organisiert zum elften Mal eine Expedition zum Mount Everest, hat also eine langjährige Erfahrung, die Gold wert ist. Er ist ein Mensch mit einer Energie, die der von fünf Männern entspricht. Woher er sie nimmt, weiß ich nicht. Vielleicht liegt es daran, dass er seit elf Jahren immer wieder nach Tibet reist, dass er immer wieder an den Fuß dieses gewaltigen Berges, in diese unendliche Ruhe zurückkehrt. Vielleicht ist es das, was ihn so stark macht.

Russell hat eine fixe Idee: Er möchte im Basislager am Fuß des Mount Everest eine Lodge samt Krankenstation bauen. Dieses Projekt ist unter Alpinisten und Naturschützern sehr umstritten, und seit ich die Pläne kenne, bin ich mit ihnen in einem Punkt einverstanden: Eine Lodge würde in diesem Gebiet eine touristische Entwicklung in Gang bringen, die wohl nur schwer zu bremsen wäre, denn die Chinesen träumen, das ist eine traurige Tatsache, vom großen Geld des Massentourismus. Eine Krankenstation hingegen würde helfen, Leben zu retten.

Russell ist 47 Jahre alt und hat Ähnlichkeiten mit einem »lonely wolf«, der in der freien Natur lebt, sich ab und zu gerne im Rudel aufhält, aber auch immer wieder Reißaus nimmt, um alleine durch die Gegend zu streifen. Russell hat die Berge gewählt, er hätte sich aber ebenso für die hohe See entscheiden und ein Seebär werden können. Die Verantwortung, die er sich immer wieder von neuem auf die Schultern lädt, ist für ihn Business. Damit verdient er sein Geld. Bei den elf Expeditionen, die er bisher am Mount Everest leitete, hatte er keinen einzigen Verlust zu beklagen.

Wie jedes Jahr hat er für sein Expeditionsteam die Logistik erledigt, all die nötigen Bewilligungen eingeholt, für professionelle Führer, Sherpas, Yak-Männer, Yaks, Zelte, Essen und für den besten Koch gesorgt. Kurz, er hat für seine Kunden eine Infrastruktur organisiert, die das Leben in dieser Höhe erleichtert.

Auch ich habe von dieser Infrastruktur profitiert. Zusammen mit meinem Kletterkollegen Robert Bösch. Bei einem Treffen mit Russell vor unserer Abreise besprachen wir das Vorgehen am Berg. Robert und ich würden die Hochlager von Russells Expedition benutzen können. Die Sherpas würden uns viele Lasten abnehmen und in die einzelnen Lager tragen. Aber die Entscheidungen am Berg würden Robert und ich autonom fällen. Russell erklärte sich damit einverstanden.

Robert Bösch ist ein sehr guter Alpinist und, wie ich, Bergführer. Wir kennen uns schon lange, haben manche Tour miteinander unternommen. Darüber hinaus ist er ein ausgezeichneter Fotograf, einer, der schon Bilder von mir machte, als mich noch fast niemand kannte. So auch bei einer Besteigung der Eigernordostwand und beim Durchklettern der Lancelot-Route in den Wendenstöcken. Es war nur logisch, dass ich meinen Sponsor darum bat, dass Robert mich begleiten dürfe, nicht nur, um mich für die Schweizer Medien zu fotografieren und für das Schweizer Fernsehen zu filmen. Nein, Robert und ich waren uns einig, dass oberhalb von 8000 Metern auch noch anderes auf ihn warten würde: Bilder von Schnee und Eis und Kälte. Von unendlicher, sich wölbender Weite. Von Tagen, an denen sich das Blau des Himmels im Eis spiegelt. Und von

Nächten, deren tiefes Schwarz sich im Weiß der eisbedeckten Giganten bricht.

Bilder aus über 8000 Meter Höhe gibt es nur wenige, worüber ich mich allerdings nicht mehr wundere. Auf 8000 Metern betritt man einen neuen Raum, man nennt ihn die Todeszone. Kein Mensch überlebt diese Zone, wenn er sich darin zu lange aufhält, und jede zusätzliche Anstrengung wird zu einer extremen Belastung. Robert schleppte bei seinem Gipfelversuch die Fotoausrüstung mit, was das Ganze für ihn schwieriger machte. Auch konnte er durch das Fotografieren keinen eigenen Schritt-Rhythmus finden: stehen bleiben – auspacken – Handschuhe ausziehen – einen Meter nach rechts, einen nach links gehen, um die beste Einstellung zu finden – abdrücken – einpacken – Handschuhe wieder anziehen – weitergehen. In dieser Höhe eine ungeheure körperliche Anstrengung.

Als ich meinen Eltern bei einem gemeinsamen Abendessen mitteilte, ich wolle zum höchsten Punkt unserer Erde aufbrechen, wolle den Mount Everest besteigen und nähme das Risiko eines Scheiterns, wie auch immer dieses aussehen würde, in Kauf, schauten sie mich lange an. Und begannen schließlich, mich aufzuklären. Sie erklärten mir – der Bergführerin –, dass Menschen dort oben schwarze Füße kriegten und ebensolche Nasen, dass Kälte «amputieren» könne und dass ich meine Hände vielleicht nie mehr würde gebrauchen können wie heute. Das heißt, all dies sagte meine Mutter. Mein Vater schwieg.

RAYMOND BINSACK, VATER

Als uns Evelyne von ihrem Vorhaben erzählte, auf den Mount Everest zu steigen, wusste ich sofort, auszureden war ihr dieses Ziel nicht. Sie war schon immer ein »Zwängigrind«, ein liebes zwar, aber auch eines, das ganz schön Nerven kostete. Natürlich fragte ich mich, ob der Everest tatsächlich sein müsse. Gleichzeitig aber wusste ich ja schon längst, dass man Evelyne nicht anbinden kann. Also habe ich auch gar nicht erst versucht, sie von ihrer Idee abzubringen. Und darum habe ich mir, als sie am Mount Everest war, auch nicht so viele Gedanken gemacht wie meine Frau.

Ich bin früher auch geklettert, besuchte im Militär sogar einige Hochgebirgskurse, mehr als ein Hobby war die Kletterei aber nie. So hoch hinaus wie Evelyne – das hat mich nie interessiert. Und als ich dann heiratete und die beiden Töchter auf der Welt waren, habe ich das Seil in eine Ecke gelegt. Ich wollte keine Risiken mehr eingehen, sondern meine Aufgabe als Familienvater wahrnehmen.

Rückblickend muss ich sagen, ich war ein strenger Vater, forderte viel von meinen Kindern, dachte immer: Später sind sie mir dankbar, dass sie eine Linie haben. Meine Philosophie, die ich zu vermitteln suchte, war: Tue recht und scheue niemand!

Früher überließen wir Männer es den Frauen, unsere Kinder zu trösten. Heute sind die Väter zärtlicher geworden, das finde ich schön.

Unsere ältere Tochter, Jacqueline, wurde Lehrerin, Evelyne wollte an die Sportschule Magglingen, um Sportlehrerin zu werden, warum das dann nicht geklappt hat, weiß ich nicht mehr. Sie hatte offensichtlich andere Pläne, lernte Sportartikelverkäuferin – wie gesagt, sie wusste sich durchzusetzen. Meine Frau hatte immer mehr Verständnis für sie als ich.

Nachdem Evelyne auf dem Mount Everest gestanden hatte, wurde ich von Journalisten immer wieder gefragt, ob ich stolz sei auf meine Tochter. Eine Frage, die mir nicht gefällt, das heißt, eigentlich gefällt mir nur dieses eine Wort nicht: stolz. Stolz bedeutet für mich »eingebildet sein«, »den Kopf zu hoch tragen«, »sich brüsten«, »mit hohlem Kreuz gehen«.

Lieber wäre mir die Frage gewesen, was ich an Evelyne schätze, dann hätte ich sagen können: ihre Aufrichtigkeit, ihre fröhliche Natur, ihr Vermögen, frisch von der Leber weg zu erzählen. Etwas, was ich nicht kann. Für all ihre Leistungen – nicht nur für die der Mount-Everest-Besteigung – empfinde ich aufrichtige Hochachtung.

Einmal führte Evelyne eine Gruppe auf eine Skitour und nahm uns Eltern mit. Die Tour ging über Gletscher und durch steiles Gelände, das mit etlichen Gletscherspalten durchsetzt war. Sie machte das richtig gut, so gut, dass ich nicht mal protestierte, als ich dachte, sie hätte den falschen Weg eingeschlagen. Halte dich zurück, sagte ich mir, so selbstsicher, wie sie hier auftritt, wird sie es schon richtig machen. Und tatsächlich, sie führte uns die 3000 Höhenmeter bestens hinunter.

Beeindruckt hat sie mich vollends, als wir mit ihr auf einen Helikopterflug durften. Als Pilotin erlebte ich sie als einen anderen Menschen. Ernst und hochkonzentriert, wenig mitteilsam. Ich fühlte mich absolut sicher. Und bekam erst dann ein flaues Gefühl im Magen, als sie ganz nah an verschiedenen Nordwänden vorbeiflog. Nicht, weil ich Angst gehabt hätte, sondern weil sie uns sagte, die meisten habe sie ohne Seil bestiegen.

Zuerst zeigte sie uns die kalten, abweisenden, grauen Nordwände des Rottalkessels, flog dann weiter zur Nordwand des Großen Fiescherhorns und verschonte uns auch nicht mit dem Anblick der Nordostwand des Eigers. Nichts als Schnee, Stein, Eis. In dieser Wand war meine Tochter geklettert? Ohne Sicherung! Ich schaute Evelyne von der Seite an. Sie sprach, bevor ich etwas sagen konnte. »Überwältigend, diese Flanke, nicht?«, fragte sie und sah dabei so entspannt und glücklich aus, dass ich nur nickte.

Die einzige schlaflose Nacht, die sie mir und meiner Frau mit ihrer Kletterei bescherte, war jene, als sie vor Jahren eine große Klettertour in den Ostalpen unternahm. Sie verabschiedete sich schon am Vorabend von uns, weil sie die Nacht in einer Hütte verbringen wollte, um am folgenden Tag in aller Frühe losgehen zu können. Der nächste Morgen begann strahlend schön, doch im Verlaufe des Nachmittags schlug das Wetter um. Es begann regelrecht zu gießen, und schon bald peitschte der aufkommende Sturm die Bäume. Abends um neun war Evelyne noch immer nicht zu Hause. Sie kam auch nicht um Mitternacht, und als morgens um sechs ihr Bett noch immer leer war, telefonierte ich mit der Rettungsflugwacht und meldete meine Tochter als vermisst.

Um nicht zu Hause rumhocken zu müssen, gingen meine Frau und ich in das Tal, zu dem Evelyne zwei Tage zuvor aufgebrochen war. Die Stunden, bis der Heli endlich landete und Evelyne, völlig erschöpft und durchfroren, ausstieg, möchte ich nie mehr erleben müssen. Wir nahmen sie in die Arme. Das heißt, nicht nur meine Frau nahm Evelyne in den Arm, auch ich. Ich drückte sie ganz fest. Damals hat sie wohl auch gemerkt, dass ich meine Gefühle für sie bis anhin gut versteckt hatte. Seither weiß sie, wie gern ich sie habe.

Die Tibeter nennen den Mount Everest nicht Mount Everest, sondern Chomolungma. Übersetzt heißt das »Göttinmutter der Erde«. Es gibt jedoch auch die Übersetzung »Muttergöttin der Erde«, die mir persönlich besser gefällt. Wer auf ihrem Haupt stehen will, braucht Zeit. Viel, viel Zeit. Eine gute Akklimatisation dauert vier bis sechs Wochen und beginnt für uns schon in Lhasa, der tibetischen Hauptstadt, auch »die verbotene Stadt« genannt. Wir erreichen sie – nach einem Zwischenhalt in Kathmandu, der Hauptstadt Nepals – am 2. April 2001. Meine Akklimatisation kann beginnen.

Lhasa heißt übersetzt »der Ort der Götter«. Es ist ein heiliger Platz, der auf 3600 Metern über dem Meer liegt. Höher, auf 3700 Metern, liegt nur noch La Paz in Bolivien. Die dünne sauerstoffarme und vor allem trockene Luft löst bei mir einen starken Husten aus. Ich ignoriere ihn, so gut es geht, schließlich will ich nicht das Bett hüten, sondern auf den Markt gehen, mit Menschen sprechen und das Symbol der tibetischen Eigenständigkeit besuchen: den »Potala«. Ein unglaublich beeindruckendes Bauwerk, das, seit Brad Pitt als Heinrich Harrer im Film »Seven Years in Tibet« auf seinen Stufen stand, neue Popularität erlangt hat. Der Palast liegt auf dem »Roten Hügel« und ist in seiner vollkommenen Schönheit schwer zu beschreiben. 130 000 Quadratmeter groß, 117 Meter hoch, gebaut aus Stein und Holz, mit über tausend Räumen, unzähligen Fresken und Statuen, erhebt er sich hoch über die Stadt. Der Potala gilt als die offizielle Residenz des religiösen und weltlichen Oberhauptes der Tibeter, des Dalai-Lama. Der vierzehnte Dalai-Lama lebt infolge der chinesischen Besetzung jedoch nicht im Potala in Lhasa, sondern im Exil im nordindischen Dharamsala.

Im Morgenlicht erstrahlt der Palast in seiner ganzen märchenhaften Mystik, die nicht in Worte zu fassen ist. Ich schöpfe hier neue Kräfte – die Heilung meines Hustens allerdings hole ich mir aus dem Medikamentenschrank. Es ist wichtig, ihn loszuwerden, bevor die Luft noch trockener wird. Das Antibiotikum macht mich müde, aber es hilft. Ich fühle mich sehr viel besser, als wir uns mit dem Jeep in Richtung Basislager aufmachen. Als wir das Dorf Tingri passieren, sehe ich sie zum ersten Mal, die Muttergöttin der Erde. Ich schaue sie lange an, frage mich, ob sie mich wohl mögen oder abweisen wird – ich spüre Zuversicht.

Am 9. April 2001 erreichen wir nach einer äußerst unangenehmen Fahrt über Geröll und Eis Rongbuk, das höchstgelegene Kloster der Welt. Nun trennen uns noch fünfzehn Minuten Jeepfahrt vom Basislager, das auf 5200 Metern liegt.

Endlich! Es ist ein schönes Gefühl, im Basislager anzukommen und nicht mehr fahren zu müssen. Ich stelle mein Zelt auf und richte mich so gut wie möglich häuslich ein.

Es ist kalt hier oben. Der Wind bläst unablässig, die Gegend ist äußerst karg, eine Steinwüste. Kein Blümchen, kein Grün, nur Grau. Und immer kalte Füße. Ich frage mich, was ich hier tue. Und doch würde ich um kein Geld der Welt von hier wegwollen.

Für Russells Team wurden sieben Tonnen Material ins Basislager geschleppt. Mannschaftszelt, Küchenzelt, Nahrungsmittel für zehn Wochen, Satellitentelefon, Sauerstoff, Computer. Wir sind nicht die Einzigen im Basislager. Ich bin erstaunt, wie viele Expeditionen hier sind. Wir treffen auf Gruppen aus Indien, Venezuela, Russland, Frankreich, Kolumbien, Asien, Schottland und Spanien; auf einen bunt gemischten Haufen also. Wir erfahren, dass eine amerikanische Expedition, unter der Leitung von Dave Hahn, bereits in Richtung Lager II unterwegs ist. Dave Hahn und seine Leute sind wieder auf der Suche nach Spuren der 1924 am Mount Everest verschollenen Engländer George Mallory und Andrew Irvine.

Wir bleiben, wo wir sind, auf 5200 Metern. Unsere Körper brauchen Zeit für die komplexen Vorgänge der Akklimatisation. Unter vielem anderem geht es dabei auch darum, die Zahl der roten Blutkörperchen zu erhöhen, die den Sauerstoff von den Lungen in alle Körperteile transportieren.

Die Rechnung ist einfach: Je mehr rote Blutkörperchen das Blut enthält, desto mehr Sauerstoff kann im Körper gebunden werden. Ein gesunder erwachsener Körper verfügt über rund 25 000 Milliarden rote Blutkörperchen. In einer Höhe von 4500 Metern erhöht sich dieser Wert um circa zehn Prozent. Es ist erstaunlich, welche Fähigkeiten der menschliche Organismus besitzt, um sich an veränderte Bedingungen anzupassen.

Ich fühle mich abhängig. Die Sherpas schleppen für uns das Material, mein Körper sorgt dafür, dass ich zu mehr Sauerstoff komme, nur ich – ich kann nicht mehr tun als abwarten. Und ab und zu mit den andern in unserem Mannschaftszelt sitzen, einen Whisky trinken, schwatzen, zuhören. Erfahren, wer schon wie viele Male am Mount Everest war und wer schon wie oft gescheitert ist. Immerhin würde ich in zwei Tagen damit beginnen können, auf die umliegenden Sechstausender zu steigen, um mich an die dünne Luft zu gewöhnen.

Trotzdem ist die Akklimatisation eine Verbannung ins Nichtstun. Es ist schwer auszuhalten und erinnert mich an meine Schulzeit, als ich vor lauter Energie, die ich nicht zu kanalisieren wusste, immer überbordete. Keine Rauferei auf dem Pausenplatz, bei der nicht mindestens mein freches Mundwerk mit im Spiel gewesen wäre. Und im Schulzimmer interessierte mich das, was hinter oder neben mir geschah, viel mehr als das, was vorne, an der Wandtafel, erzählt wurde. Ich war unruhig. Eine Stunde still zu sitzen, war ein Ding der Unmöglichkeit. Ich war nervig, und höchstwahrscheinlich war ich hyperaktiv. Dass all dies nicht nur für Lehrer und Eltern schwierig, sondern dass meine überschäumende Energie auch für mich selbst ein Problem war, das realisierte ich erst viel später.

Mein Körper allerdings reagierte schon früh. Auf einer unserer unzähligen sonntäglichen Familienwanderungen startete er durch. Mutter, Vater und Schwester gingen den Berg hinauf – ich jedoch, ich rannte. Das kam ganz plötzlich, ohne äußeren Anlass, aus einem inneren Antrieb heraus. Ich rannte und rannte, wurde nicht müde, rannte weiter. Und als ich oben war, fühlte ich mich ausgepumpt und vollkommen glücklich. Von da an rannte ich, wenn die andern wanderten. War ich oben angekommen, wartete ich.

Als ich ungefähr dreizehn war, wurde ich von Remo Zberg, dem Leiter des Turnvereins Hergiswil, gefragt, ob ich nicht in seinem Verein mitmachen wolle. Ich wollte. Und wie. Remo war der Leichtathletik sehr zugetan, war ein guter Läufer und verwandelte den Hergiswiler Turnverein bald schon in einen regional erfolgreichen Leichtathletik-Club.

Ich entschied mich für die Mittelstrecke, lief 800 Meter, und zwar so, dass ich im Ziel jeweils glaubte, sterben zu müssen. Das Rennen selbst war nicht sehr anstrengend, aber der Zieleinlauf überstieg das Erträgliche. Ich war jeweils einer Ohnmacht nahe, alles schmerzte, meine Muskeln waren total übersäuert, ich meinte, erbrechen zu müssen.

Nach mir traten noch zwei Mädchen in den Club ein, die Jungs akzeptierten uns. Ich fühlte mich aufgehoben, fand Kollegen, mit denen ich nicht nur in der Freizeit viel unternahm, sondern mit denen ich mich auch messen konnte. Nicht in sinnlosen Raufereien, sondern auf der Tartanbahn.

Remo Zberg war ein guter Trainer, voller Enthusiasmus und mit einer unglaublichen Fähigkeit, uns die Freude am Laufen zu vermitteln.

Um Schnelligkeit zu üben, rannten wir bergab. Auf einer Asphaltstraße. 200 Meter. Unten angekommen, joggten wir wieder hinauf. Das machten wir zwanzig Mal hintereinander. Immer mit dem einen Ziel, dass der letzte der zwanzig Läufe nicht langsamer war als der erste. Drill. Aber einer, der mir entsprach. Ich war das absolute Trainingstier. Endlich konnte ich meine Energie kanalisieren. Vier Jahre lang gab ich mein Bestes, nein, ich gab alles. Mehr noch, ich gab zu viel. Kriegte eine Knochenhautentzündung samt Achillessehnenentzündung und stieg am Morgen aus dem Bett wie eine sehr, sehr alte Frau, dabei war ich gerade mal achtzehn Jahre jung. Ich hatte Wasser in den Beinen, die Füße schmerzten, es vergingen Minuten, bis ich, ohne zu hinken, gehen konnte. Aber aufhören, das wollte ich auf keinen Fall. Unmöglich. Denn ohne Laufen war sie wieder da, die Unruhe.

Ich hatte damals einen Kollegen, der ruderte. Und zwar so gut, dass er an der Olympiade teilnehmen durfte. Neben dem Training arbeitete er als Schreiner. Seine Tage waren ausgefüllt mit Ausdauertraining, Rudertraining und Geldverdienen. Außer montags, da arbeitete er ausschließlich in der Schreinerei, machte nicht das geringste Training, sondern ruhte sich aus. Ich begriff nicht, wie man einen Tag durchstehen konnte, ohne körperlich etwas zu tun.

Auch heute fühle ich mich erst dann richtig wohl, wenn ich physisch ausgepumpt bin. Dann habe ich die Ameisen – die roten, nicht die schwarzen –, die mir durch Arme und Beine kribbeln, unter Kontrolle. Ohne »Auslauf« werde ich unausstehlich. Das ist wie bei einem Schlittenhund. Sperrt man den Husky einen Tag lang ein, kann man ihn am nächsten Tag nicht mehr bremsen. Zwei Tage hintereinander kein Auslauf, und er verliert das Feuer in den Augen.

Dass ich mein Feuer behalten konnte, verdanke ich unter anderem Remo Zberg, der mir nicht nur Lauftechnik vermittelte, sondern auch die Philosophie des Laufens.

Aber das ist nur die halbe Wahrheit. Er gab mir noch mehr. Er war für mich – ohne es zu wissen – ein Fallschirm. Seine Frage, ob ich im Verein mitmachen wolle, bedeutete mir unendlich viel. Ich wurde wahrgenommen. Da war einer, der glaubte, dass ich etwas leisten konnte.

Wäre Remo Zberg nicht gewesen, ich weiß nicht, was aus mir geworden wäre. Ich war damals in einer unglaublich schwierigen Phase. Hochpubertär, wie ich war, wollte ich alles sein, bloß eines nicht: angepasst. Ich wollte nicht so ernsthaft, pflichtbewusst, organisiert und verplant sein wie die Erwachsenen. Ich wollte frei sein. Und frei sein bedeutete für mich nächtelang mit älteren Kollegen in dunklen Schuppen herumhängen, rauchen, trinken und Spielsalons aufsuchen. Letzteres war das Faszinierendste, weil ich – gerade mal dreizehn Jahre alt – dank meiner Größe überall problemlos reinkam. Meinen Eltern log ich in dieser Zeit das Blaue vom Himmel herunter. Und wurde dabei nicht mal rot. Sie glaubten, ich verbringe die Abende bei Freundinnen, um für die Schule zu lernen.

Remo Zberg schenkte mir in einer Zeit der Orientierungslosigkeit nicht nur Vertrauen in mich selbst, er eröffnete mir auch Perspektiven und gab mir das Wichtigste überhaupt: Ziele.

Remo Zberg, Leichtathletik-Trainer

Evelyne fiel mir im Schulsport auf. Ein Mädchen, das immer in Bewegung war, selbst dann, wenn es nichts tat. Evelyne war die Unruhe selbst und darüber hinaus ein aufgestelltes, immer fröhliches Wesen, dessen Lachen aus dem Innersten kam. Sie war ein Mädchen, das man einfach gern haben musste. Ich hatte das Gefühl, sie passe in unseren Verein, und fragte sie, ob sie bei uns mitmachen wolle. Sie wollte. Und wie.

Ich hatte weder vorher noch nachher ein solch talentiertes junges Mädchen unter meinen Fittichen, keines, das so diszipliniert und trainingseifrig war wie sie. Evelyne war – zumindest anfangs – absolut unproblematisch und für ihr Alter von einer geradezu bemerkenswerten Zuverlässigkeit. Und erst noch äußerst kollegial.

Mit ihren Leistungen war sie nie zufrieden. Immer orientierte sie sich nach oben, wollte besser werden, wollte so gut sein wie die älteren Läuferinnen in der Elite.

Ich erkannte bald, dass sie keine explosive, schnell kräftige Athletin war, sondern eine, deren Stärke in der Ausdauer lag. Sie war die geborene Langstreckenläuferin, doch mit ihren dreizehn Jahren war sie dafür noch zu jung. Also trainierte ich sie auf der Mittelstrecke, auf 800, 1000 und 1500 Metern. Schließlich musste sie zuerst eine gewisse Schnelligkeitsbasis entwickeln.

Bald schon brillierte sie in ihrer Alterskategorie bei den Schweizer Meisterschaften und wurde – über 1500 Meter – sogar mal Fünfte. Ich bin mir sicher, ihr Potenzial hätte gereicht, um in die Weltspitze vorzudringen.

Sie setzte die Techniken, die ich ihr beibrachte, schnell um und begriff bereits in jungen Jahren, dass Leistung im Kopf beginnt. Allein mit Körperkraft und Ausdauer ist im Sport noch keiner groß geworden, der Geist, das Wollen, das Sich-zurücknehmen-Können in die Ruhe, kurz, das Mentale spielt eine sehr große Rolle. Man kann es auch anders ausdrücken: Einen langfristigen Erfolg haben nur Sportler, deren Geist und Körper harmonieren. Und das taten sie bei Evelyne von Anfang an. Dass aus ihr trotz dieser Voraussetzungen keine erfolgreiche Läuferin geworden ist, ist einzig und allein ihrem Bewegungsdrang zuzuschreiben. So seltsam es klingt, sie trainierte ganz einfach zu viel.

Evelyne genügte das Training, das ich für sie ausgearbeitet hatte, bald nicht mehr. Sie hielt keine Ruhepausen ein und machte mir dauernd Striche durch die Rechnung. Kaum hatte sie eine freie Minute, rannte sie auf alle möglichen und unmöglichen Berge hinauf, und zwar in einem, selbst für mich, Schwindel erregenden Tempo. Und weil ihr das noch immer nicht genügte, fuhr sie zusätzlich mit dem Bike.

Später, in der Lehre, die sie in Engelberg absolvierte, fuhr sie mit dem Fahrrad jeden Abend von Engelberg nach Hergiswil. Immerhin 26 Kilometer. Als ich ihr dies als »definitiv zu viel des Guten« ausreden wollte, erklärte sie, sie verzichte nicht auf diese Fahrten, schließlich sei sie mit dem Rennvelo schneller zu Hause als mit dem Zug. In der Lehre begann sie auch, im Winter exzessiv Ski zu fahren und im Sommer zu klettern. All das hat nicht dazu beigetragen, dass sie in der Mittelstrecke schneller geworden wäre. Falsches Training, weil unkontrolliert. Ihr Körper reagierte entsprechend, machte Entzündungen. Sie litt unter starken Schmerzen – doch nicht mal diese konnten sie bremsen.

1986 hatte ich genug davon, ich stellte sie vor die Entscheidung. Entweder sie trainiere wie eine Leichtathletin und würde eine Topsportlerin auf der Langstrecke, oder sie tue weiterhin, was sie wolle, und suche ihr Glück woanders.

Evelyne entschied sich für den Alpinismus, und ich versuchte, ihr meine Enttäuschung nicht allzu sehr zu zeigen. Ich wusste damals längst, dass sie ihren Weg gehen würde.

Jahre später, sie hatte bereits das Bergführerinnenpatent in der Tasche, organisierte der Schulrat Hergiswil einen Kletter-Event und fragte sie, ob sie uns an der Kletterwand betreuen würde. Als wir ein paar Wochen später wie die Fliegen an der Wand klebten, holte sie das Letzte aus uns heraus. Sie begeisterte alle. Ohne Ausnahme. Frauen genauso wie Männer.

Evelyne wurde zwar keine Spitzenläuferin, eine Ausnahmeerscheinung ist sie auf jeden Fall geblieben. Ihr Charisma ist einzigartig.

Russells Bergführer sind die beiden Amerikaner Andy Lapkass und Chris Warner sowie der Däne Asmus Morreslet. Asmus war voriges Jahr zum ersten Mal auf dem Dach der Welt. Chris hat dem Mount Everest bisher andere Achttausender vorgezogen, und Andy stand schon zwei Mal auf dem Gipfel. Mit ihm verbindet mich eine herzliche Beziehung, die aber immer auch etwas distanziert ist. Mir gefällt dieses Reservierte. Zu viel Nähe halte ich nicht aus.

Das Leben im Basislager hat bereits seine Routine. Wie in einem kleinen Dorf kennt man die Leute der 22 Expeditionen, baut zu den einen eine stärkere Beziehung auf als zu andern – so wie in jeder Nachbarschaft. Dass wir alle dasselbe Ziel verfolgen, stärkt unseren Gemeinschaftssinn sehr. Man besucht sich, sagt »salü«, trinkt Tee zusammen, unterstützt sich. Die, die ihr vorgeschobenes Basislager bereits eingerichtet haben, geben den andern Tipps. Es herrscht ein guter Zusammenhalt, der aber bei jedem Wetterwechsel in sich zusammenzubrechen droht.

Das Wetter ist das Zünglein an der Waage. Die Besteigung des Mount Everest ist nur an wenigen Tagen im Jahr möglich, immer dann, wenn sich die Winde verschieben. Wenn der Jetstream mit seinen unglaublichen Geschwindigkeiten von bis zu 300 Stundenkilometern den Monsunwinden Platz macht. Dieses Wetterfenster dauert in der Regel nur wenige Tage und entscheidet über Erfolg oder Misserfolg. Es gibt Jahre, in denen der Berg sein Fenster gar nicht öffnet.

Die Abhängigkeit vom Wetter und von seinen Launen wirft jeden auf sich selbst zurück. Jeder bleibt für sich. Ganz auf sich allein gestellt ist jedoch keiner. Nicht mal Russell und seine Bergführer Andy, Chris und Asmus. Wie wir alle werden auch sie behütet und betreut. Von den Sherpas. Ohne sie könnten die meisten gleich wieder zusammenpacken. Russell hat ein festes Team von Sherpas, für die er – genau wie für uns auch – in Tibet Bewilligungen einholen musste, damit sie von Nepal nach Rongbuk reisen durften.

Es sind die Sherpas, die die eigentliche Bergführeraufgabe übernehmen. Am Berg haben wir Westler im Vergleich zu ihnen nicht die geringste Chance. Weder in Bezug auf Leistung und Ausdauer noch in Bezug auf Mentalität und Hilfsbereitschaft. Wir sind viel zu egoistisch eingestellt, haben weder die Ruhe noch die Größe, um uns mit ihnen messen zu können. Es sind die Sherpas, die schon viele erfolgreiche Rettungen oberhalb von 8000 Metern vorgenommen haben. Dort also, wo es eigentlich keine Rettung mehr gibt. Ohne sie wären auch zwei von uns am Berg geblieben. Für immer.

Erzähle ich von den Sherpas, beobachte ich oft, dass viele Leute glauben, ein Sherpa sei ein Mann, der nicht viel redet, dafür aber umso mehr Material schleppt. Ein Lastesel eben. Dem ist nicht so.

Die Sherpas sind ein Volk, das geografisch zwar in Nepal, ethnisch aber nach tibetischer Kultur lebt. Die Sherpas kommen in der Höhe unglaublich gut zurecht. Dort, wo wir kaum mehr genügend Kraft für uns selbst aufbringen, geschweige denn für andere sorgen können, schleppen sie nicht nur schwere Lasten, sondern stellen Zelte auf, spannen Fixseile, schmelzen Schnee und gehen für uns immer wieder Gefahren ein.

Auch Robert und ich profitieren von ihrer Kraft und Ausdauer. Die Sherpas richten für uns die Lager ein und bringen einen Teil der Ausrüstung bis auf 8400 Meter. Leider gibt es Mount-Everest-Besteiger, für die Selbstverantwortung am Berg nicht existiert. Sie lassen sich von den Sherpas nicht nur am Seil auf den Gipfel begleiten, sondern geben ihnen auch noch den Rucksack zum Tragen.

Einen Sherpa kann man um sehr, sehr vieles bitten, denn ein Nein kommt ihm selten über die Lippen. Das liegt in seiner Religion, dem Buddhismus, begründet. Buddhisten glauben, dass sie durch eine Folge von Wiedergeburten eine geistige Vollkommenheit erreichen.

Wie sie reinkarniert werden, bestimmt das Karma, das besagt, dass alle Handlungen in diesem Leben einen Einfluss haben auf das nächste.

Schlagzeilen machen die Sherpas fast nie, wir sind es, über die geschrieben wird. Für die Sherpas gibt es höchstens mal eine kleine Pressenotiz, dann zum Beispiel, wenn einer von ihnen sein Leben am Mount Everest gelassen hat.

Eine Ausnahme war Sherpa Tensing Norgay, der Mann, der am 29. Mai 1953 zusammen mit dem Neuseeländer Edmund Hillary als erster Mensch auf dem Dach der Welt stand und internationale Berühmtheit erlangte.

Fast dreißig Jahre zuvor, 1924, schrieben George Leigh Mallory und Andrew Irvine Everest-Geschichte. Noch immer ist nicht geklärt, ob die beiden Engländer auf dem Weg nach oben verschwanden oder aber auf dem Weg nach unten, was bedeuten würde, dass Sherpa Tensing und Hillary nicht die Ersten waren, die auf dem Gipfel standen. Was Hillary allerdings egal zu sein scheint. »Es kann gut sein, dass ich nicht der erste Mensch war, der oben stand, ich war aber unter Garantie der Erste, der wieder zurückkam«, meinte er einmal.

Was mit Mallory und Irvine wirklich geschehen ist, darüber wird heute noch heftig spekuliert. Am 1. Mai 1999 machte eine amerikanisch-deutsche Expedition auf 8250 Metern eine fantastische Entdeckung: Mallorys Körper – konserviert von Eis und Kälte. Neben ihm seine Ausrüstung. Leider fehlte die Kamera, die die Engländer bei sich hatten und von der man sich schlüssige Beweise darüber erhoffte, ob die beiden beim Aufstieg oder aber beim Abstieg ums Leben gekommen sind. Nach Irvine und der Kamera sucht man noch immer.

Irvine sollte auch bei unserer Expedition von Bedeutung sein. Andy, der den Mount Everest schon zweimal erfolgreich von der

Südseite her bestiegen hat, erzählt mir von ihm. Nicht am Anfang, sondern erst am Ende unserer Expedition. Andy liegt in seinem Zelt. Er könnte ebenso gut tot sein. Er erzählt mir, dass ihn seit Jahren der immer selbe Traum verfolge. Eigentlich, sagt er, träume er eine Fotografie, ein Standbild. Er träume vom letzten Grat vor dem Gipfel, sehe dessen weiche, schneebedeckten Wölbungen und wisse, er müsse nochmals rauf und wieder rauf, so lange rauf, bis er den Traum nicht mehr träume. Dann spricht er von Irvine. Sagt, er habe das Gefühl, es sei der Geist Irvines, der ihn antreibe, es auch von der Nordseite her zu versuchen. Er glaube, dass er für Irvine den letzten Grat bis zum Gipfel des Mount Everest hinaufsteigen müsse, das letzte Stück der Route, das Irvine wahrscheinlich nicht gegangen ist. Er fühle zwei Kräfte in sich, die eine, die ihn noch einmal auf den Gipfel treibe, die andere, die mit dem Mount Everest abschließen und endlich heiraten wolle. Das Reden bereitet ihm große Mühe, er fragt, ob ich ihn verstehe. Statt einfach Ja zu sagen und weil ich sehe, wie sehr ihn das Sprechen ermüdet, erzähle ich ihm eine Geschichte. Ich erzähle ihm meine Geschichte von Patagonien.

Patagonien gehört zum südlichsten Zipfel Südamerikas. Es erstreckt sich über zwei Länder. Der westliche Teil liegt in Chile, der östliche in Argentinien. Patagonien bietet alles, was Abenteurer sich wünschen. Legendäre Berge, große Seen, eine endlose Pampa und Gletscher, deren Zungen sich mancherorts bis hinunter auf 900 Meter über dem Meer erstrecken. Für viele gute Kletterer ist Patagonien das Paradies schlechthin. Die Berge, aus Granit und so spitz geformt wie Nadeln, fordern einem alles ab und haben so aussagekräftige Namen wie Dedos del Diablo, »Finger des Teufels«.

Viele Berge Patagoniens tragen Namen von Verstorbenen. Einer davon ist benannt nach Antoine de Saint-Exupéry, der als Flugpionier genauso berühmt war wie als Autor. Er war einer der ersten Piloten, die als Flugkuriere Post in alle Welt beförderten. Seine Frau Consuelo stammte aus Guatemala, und Saint-Exupéry flog häufig für eine französische Fluggesellschaft in Südamerika. Bevor er 1944 mit seinem Flugzeug ins Mittelmeer stürzte, schenkte er uns den »Kleinen Prinzen«.

Ein anderer, der Torre Egger, ist nach Toni Egger benannt. Der Österreicher machte, zusammen mit dem Italiener Cesare Maestri, im Januar 1959 eine Erstbegehung am Cerro Torre, dem berühmtesten Berg Patagoniens.

Beim Abstieg stürzte Toni Egger jedoch ab, und zwar samt Kamera, die man nie mehr gefunden hat. Maestri konnte daher nie beweisen, dass sie den Gipfel tatsächlich erreicht hatten. Die Polemik, ob sie die Erstbesteiger waren oder nicht, hält bis heute an. Was Maestri inzwischen gleichgültig sein dürfte, schließlich bestieg er 1970, also elf Jahre später, den Cerro Torre dann doch noch als Erster. Noch immer gilt der Cerro Torre als einer der schwierigsten Berge der Welt und stellt in Kletterkreisen eine Reifeprüfung dar.

Mein liebster Berg in Patagonien heißt Mount Fitz Roy. Mit seinen 3405 Metern ist er gleichzeitig auch die höchste Erhebung Südpatagoniens. Seinen Namen verdankt er Robert Fitzroy, einem englischen Kapitän. Den Gipfel des Fitz Roy umgibt fast ständig eine Fahne aus kondensierter Luft, hervorgerufen durch die gewaltigen Winde, die an seinen Felswänden ihre Kräfte messen. Die Einheimischen Patagoniens glaubten, der Berg sei ein Vulkan. Sie nannten ihn daher El Chaltén, was so viel bedeutet wie »der rauchende Berg«. Hat er seine Windfahne gehisst, ist eine Besteigung schlicht unmöglich.

Patagonien ist eine der urwüchsigsten Gegenden der Erde. Ihren Namen erhielt sie von Magellan, der während der Eroberungszüge Spaniens und Portugals im Jahr 1520 am Strand von Los Julian Abdrücke von ungewöhnlich großen Füßen fand. Daraufhin nannte er das Gebiet »País de los patagones«, Land der Großfüßler (»pata« bedeutet auf Spanisch »Pfote«). Mit Magellans »Großfüßlern« waren die Tehuelche-Indios gemeint, deren riesige Fußabdrücke von den Fellen der Guanakos, einer Art Lama, stammten, mit denen sie ihre Füße schuhartig umwickelten.

Patagonien ist für mich eine sehr männliche Gegend, vielleicht sogar die männlichste. Zumindest in Bezug auf das Klettern. Patagonien, das bedeutet klettern in senkrechtem Granit und in ungewöhnlich steilen, meist mit Eis gefüllten Rissen. Hände finden nie warmen Felsen, Füße selten festen Halt, da sie in viel zu großen Kletterschuhen stecken, weil sie mit dicken Socken vor der Kälte geschützt werden müssen. Die Kletterei in Patagonien erfordert keine feine Technik, sondern enorme Kraftreserven.

Hinzu kommt ein steter, kräftiger, oft stürmischer Westwind, der durch die großen Druckunterschiede zwischen dem Subtropenhoch des Pazifiks und der Tiefdruckrinne der Antarktis hervorgerufen wird. Der Sturm ist Patagoniens Begleiter, einer, der wütet und mit den Granitnadeln in einem ständigen Machtkampf steht.

Die Stürme Patagoniens sind Stürme des Schreckens. Ich habe noch nirgendwo sonst auf der Welt solch wütende Stürme erlebt. Es scheint, als wollten sie alles, was nicht niet- und nagelfest ist, zerstören. Sie brausen unangekündigt heran, innert Minuten können sie einen Kletterer in einen Kampf ums Überleben zwingen. Vielleicht erheben sich Patagoniens Granittürme deshalb so stolz, so mächtig und so unantastbar, weil sie diesen Stürmen immer wieder die Stirn bieten. Ich kenne kein Gebirge, das mich in seiner Ausstrahlung mehr beeindruckt hätte.

Ich reiste zwei Mal nach Patagonien, beide Male mit dem großen Wunsch, auf dem Haupt des Fitz Roy zu stehen. Als ich meinen Lieblingsberg das erste Mal sah, blieb ich, fasziniert von seinem Stolz, seiner Unnahbarkeit und der enormen Anziehungskraft, die er auf mich ausübte, minutenlang wie angewurzelt stehen.

Das zweite Mal stand er in schönstem Wetter und ohne die geringste Windfahne da. War ruhig, rauchte nicht. Klar umrissen hob er sich, granitgrau, vom königsblauen Himmel ab, wirkte ganz nah und gleichzeitig unerreichbar fern. Er bot ein Bild, in das ich mich unsterblich verliebte. Leider musste ich erfahren, dass diese Liebe einseitig ist. Beide Male hat mich Fitz Roy abgewiesen.

Das erste Mal ließ er mich sehr nahe kommen und verlangte mir dabei alles ab. Ich erkannte bald, El Chaltén zeigte mir meine Schwäche: die rohe Maximalkraft. Mich in den gefrorenen Rissen festhalten, mich hochziehen, mich zum nächsten Griff retten, das waren keine anmutigen Bewegungen, sondern schreiende Kraftakte. Der Rucksack zog mich mit seinem Gewicht brutal nach unten, und mit den viel zu großen Kletterschuhen konnte ich meine Fußtechnik nur sehr begrenzt einsetzen. Ich fühlte mich wie eine Bärin, der man für den Kampf die Krallen gestutzt hat, damit sie diesen auch sicher verliert.

Ich kletterte mit Stephan Siegrist. Derselbe Stephan, mit dem ich in der »Eiger Nordwand Live«-Sendung des Schweizer Fernsehens im Jahr 1999 eine Seilschaft gebildet habe. Aber davon hatten wir damals – 1996 in Patagonien – natürlich noch keinen blassen Schimmer.

Fitz Roy brachte mich an den Rand der Erschöpfung. Zunächst kamen Stephan und ich gut voran, sogar der Wind verschonte uns. Doch als wir uns – nach dreizehn Stunden Schinderei auf der geschützten Leeseite – der Gratkante näherten, peitschte er uns mit einer Wucht ins Gesicht, die mir den Atem raubte.

Der Sturm überschlug sich tobend und brachte Töne hervor, die mich an explodierendes Dynamit erinnerten. Noch nie in meinem Leben habe ich einen solch teuflisch aggressiven, einen solch zerstörerischen Wind erlebt.

Stephan schaffte es an den nächsten Stand. Damit ich ihm nachklettern konnte, musste er das Seil einziehen. Doch der Sturm hatte es in eine unkontrollierbare, nicht zu zähmende Schlange verwandelt. Stephan wusste nichts von dem Kampf, den ich mit dem Seil ausfocht, damit er es hochziehen konnte. Schließlich war es überhaupt nicht mehr möglich, es einzuziehen. Der Grund dafür war ebenso einfach wie ärgerlich. Der Wind hatte das Seil, weit unter mir, in einen Riss geklemmt. Ich schrie zu Stephan hoch, ich würde abseilen, um es zu lösen. Er verstand jedoch kein Wort. Als ich zu der Stelle kam, ließ sich das Seil nicht vom Fels lösen. Sosehr ich auch riss, es bewegte sich keinen einzigen Millimeter. Dann, plötzlich, schleuderte mir der Wind das Seil entgegen, und bevor ich das realisieren konnte, peitschte er es in den nächsten Riss, wo es sich erneut verklemmte. Der Sturm, in dem wir uns befanden, war erbarmungslos. Ich schrie. Doch meine Schreie gingen in dem gewaltigen Getöse unter, wurden vom Sturm einfach verschluckt. Ich fluchte, ich betete. Fluchen und Beten liegen in so einem Moment, in dem man die letzte Kraft aus seinen Muskeln zu pressen versucht wie den letzten Tropfen Saft aus einer ausgetrockneten Zitrone, sehr nah beieinander. So nah wie Erfolg und Misserfolg.

Als die Erschöpfung so groß war, dass ich weder fluchen noch beten konnte, bettelte ich: »Lieber Gott, bitte, bitte, bitte, lass mich dieses verdammte Seil frei bekommen.« Ich wusste, würde es mir nicht gelingen, wir wären verloren. Unter mir gähnte die Leere.

Und plötzlich pendelte mein Körper – vom Wind getragen – quer über die senkrechte Felsplatte. Als ich mit meinem Rücken gegen eine Verschneidung schrammte, schrie ich vor Schmerz auf, aber ich hielt das Seil endlich in der Hand.

Nun konnte ich wieder hochsteigen – wofür ich unendlich viel Kraft brauchte und auch Mut. Denn Stephan, der nicht sah, was ich tat, zog das Seil nicht ein. Ich hätte mich, unter normalen Umständen, mit einer Hilfsschnur – einer Reepschnur – selbst sichern können, doch in diesem Sturm war das ein Ding der Unmöglichkeit. Wäre ich gestürzt, hätte es Meter gebraucht, bis er mich aufgefangen hätte. Als er endlich sehen konnte, dass ich zu ihm hochstieg, zog er das Seil ein. Bei ihm angekommen, schaute ich nach oben. Der Gipfel lockte greifbar nah. Bloß zwei schwierige Seillängen und ein leichter Grat trennten uns noch von ihm. Wir berieten, was wir machen sollten, verstanden inzwischen aber nicht mal mehr das eigene Wort. Der Wind war noch stärker geworden. Und plötzlich wurde mir bewusst: Es war die Natur, auf die wir hören mussten. Sie redete eine deutliche Sprache. Wir waren hier nicht willkommen. Ob wir das akzeptierten oder nicht, ob wir abbrachen oder weiterkletterten, ob wir uns vom Berg in die Knie zwingen ließen oder unseren Kopf durchsetzen und dabei unser Leben aufs Spiel setzen wollten – diese Entscheidung lag allein bei uns.

Wir entschieden uns für den Rückzug, bereiteten alles für den Abstieg vor und warfen das Seil über die Wand hinaus, um uns daran abzuseilen. Das heißt, wir versuchten, es hinauszuwerfen – doch der Wind war stärker. Er packte das Seil und peitschte es in alle Richtungen, nur nicht nach unten. Seilziehen mit dem Sturm – wir waren chancenlos. Der Wind tobte noch stärker, zugleich wurde das Wetter schlechter, es war eine Frage der Zeit, bis es schneien würde. Damit wir trotz dieser widrigen Umstände heil nach unten kamen, brauchten wir, das war mir klar, mehr als bloßes Können und Verstand. Wir brauchten Glück. Und wir bekamen es. Nach ein paar Stunden saßen wir erschöpft und enttäuscht beim Passo Superior in unserer Schneehöhle, die wir im Voraus gegraben hatten.

Zwei Jahre später, 1998, stand ich wieder am Fitz Roy. Wieder mit Stephan. Er schaffte den Gipfel. Ich scheiterte erneut. Und dies bereits auf den ersten paar Metern. Geschwächt von einem chirurgischen Eingriff, wollte mein Körper nicht, was mein Herz so sehr begehrte. Die Enttäuschung war riesig.

Erzähle ich vom Fitz Roy, bekomme ich schlagartig feuchte Hände. Noch immer hoffe ich, eines Tages sein Haupt zu berühren. Dabei geht es mir nicht so sehr darum, über ihn zu triumphieren, als vielmehr darum zu spüren, dass er mich akzeptiert.

Sollte ich nochmals zum Fitz Roy aufbrechen, werde ich abermals meine ganze Kraft für ihn einsetzen. Es könnte aber auch sein, dass es mir genügt, in seiner Nähe zu sein, ihn bloß anzuschauen, seine Mystik zu spüren, mich mit den Gauchos auf Spanisch zu unterhalten, stundenlang durch die Pampa zu reiten und das Leben in der Wildnis zu genießen. Ich habe inzwischen gelernt, dass mich nicht nur Erfolge, sondern auch Misserfolge reifen lassen. Letztere lehren mich, meine Schwächen zu erkennen und mit diesen umzugehen.

Man kann den Fitz Roy und den Mount Everest nicht miteinander vergleichen, es sind zwei verschiedene Berge, und sie stellen unterschiedliche Anforderungen an ihre Besteiger. Und doch erwähne ich die beiden hier in einem Satz, denn im Gegensatz zum Mount Everest wird der Gipfel des Fitz Roy für mich wahrscheinlich unerreichbar bleiben.

Zurück zum Mount Everest – ich bin abgeschweift. Die Geschichte, die ich Andy in seinem Zelt erzähle, um ihm zu sagen, dass ich verstehe, wovon er spricht, ist nicht die meines Scheiterns am Fitz Roy, sondern diejenige, die dem Scheitern unmittelbar vorausging.

Meine Idee, nach Patagonien zu reisen, war eine sehr spontane. Stephan, wir waren damals ein Paar, war dort, um die Gipfel des Cerro Torre und des Fitz Roy zu besteigen. Es war aber nicht so sehr meine Sehnsucht nach Stephan als wohl vielmehr die Tatsache, dass ich – nach einer Knieoperation, die mich sieben Monate lang lahm gelegt hatte – endlich wieder zurückwollte in die raue Natur. Der Drang nach Freiheit veranlasste mich, Stephan einen Brief zu schreiben. Ich schrieb, ich käme ihn besuchen und würde ihn auf den Fitz Roy begleiten.

Stephan hatte mir, bevor er abgereist war, die Adresse des einzigen Dorfladens in Chaltén gegeben und mir gesagt, die Briefe für die Touristen würden dort an eine Pinnwand geheftet. Ich hoffte, Stephan würde meinen Brief dort sehen, wenn er Süßkartoffeln oder Milchpulver einkaufen ging. Wenn nicht, würde ich in Patagonien reiten und fotografieren.

Als ich in Chaltén ankam, suchte ich den Laden auf, ging zur Pinnwand und fand tatsächlich eine Notiz von Stephan vor. Er schrieb, er habe den Cerro Torre erfolgreich bestiegen und bringe nun seinen Kletterfreund zum Flughafen. Er sei in ungefähr einer Woche wieder zurück, freue sich auf mich und den Fitz Roy, und ich solle es mir bis dahin in seinem Zelt gemütlich machen.

Damit ich »sein Haus« auch finden würde, hatte er mir einen Lageplan hinterlegt.

Kaum hatte ich meinen Rucksack vor dem Zelt deponiert, kam ein wild gestikulierender Mann auf mich zu gerannt, der mich, als er vor mir stand, böse anblickte und auf Spanisch auf mich einzureden begann. Ich jedoch verstand damals noch kein Spanisch, und Englisch wiederum verstand er nicht. Schließlich ahnte ich, was los war, der Mann beschützte Stephans Zelt, wollte mich nicht einlassen, mich vertreiben, verscheuchen wie einen streunenden Hund oder ein verrückt gewordenes Huhn. Ich gab ihm die Notiz von Stephan zu lesen, doch die war auf Deutsch verfasst – keine Chance. Ich erinnerte mich an das Kroki, das Stephan gezeichnet hatte, nahm es hervor, zeigte mit dem Finger darauf, sagte wieder und immer wieder »gringo – amigo«, bis mich der Mann schließlich in Ruhe ließ und ich das Zelt beziehen konnte.

Der Platz war gut gewählt, er gefiel mir. Ich richtete mich ein, schlief, aß, lernte Leute kennen und ein paar Brocken Spanisch. Doch bald wurde ich unruhig, die Ameisen machten sich bemerkbar, und ich entschied mich, schon mal dreißig Kilo Gepäck, unter anderem ein Materialzelt, ins Basislager des Fitz Roy zu schleppen, damit bei Stephans Rückkehr schon einige Vorkehrungen getroffen wären.

Mit meinem schweren Gepäck im Lager Rio Blanco angekommen, fühlte ich mich ungewöhnlich erschöpft. Ich setzte den Rucksack auf den Boden und spürte plötzlich ein Kribbeln in meiner linken Körperhälfte. Dieses Kribbeln, das man verspürt, wenn einem ein Bein oder ein Arm »einschläft«. Bald war die ganze Körperhälfte eingeschlafen, fühlte sich an, als wäre sie in dicke feuchte Lumpen gehüllt. Ich konnte kaum mehr gehen.

Das Lager, das ich erreicht hatte, befand sich in einem kleinen Wäldchen, das aus niedrig gewachsenen Buchen bestand, die von dem ständig wehenden, rauen Wind ganz verkrümmt waren. Zwischen diesen Bäumen erspähte ich zwei Menschen. Ich humpelte auf sie zu, stellte mich ihnen als »Evelyne from Switzerland« vor. Es waren zwei Finnen, die ziemlich frustriert und äußerst erschöpft waren, da sie am Fitz Roy von einem Sturm überrascht worden waren, der sie ganz schön durchgeschüttelt haben musste. Hier, im Rio Blanco, wollten sie neue Kräfte sammeln, um es später nochmals zu versuchen.

Erst als sie ihre Erzählung beendet hatten, bemerkten sie, dass ich ziemlich elend aussah. Der eine bot mir eine Zigarette an, der andere kochte Wasser auf, um mir einen Schwarztee zu brauen. Kaum hatte ich einen Schluck davon getrunken, machten sich rasende Kopfschmerzen breit. So stark, dass die Bilder vor meinen Augen zu flimmern begannen.

Der eine Finne war sichtlich beunruhigt und rannte weg. Als er zurückkam, hatte er einen »doctor from Switzerland« in seinem Schlepptau. Der Arzt war auf einem Pferdetrekking. Er stellte mir Fragen über Fragen. Ich konnte nur mit Mühe antworten. Er diagnostizierte eine starke Migräne, sagte, ich solle umkehren, zurück ins Dorf gehen und dort eine gewisse Carolina aufsuchen, das sei eine Krankenschwester, die mir im Notfall helfen könne. Dann verabschiedete er sich von mir.

Die beiden Finnen kümmerten sich rührend um mich, stellten sogar mein Materialzelt auf. Ich spürte, wie die Kopfschmerzen von Minute zu Minute stärker wurden und die eingeschlafene Körperhälfte langsam Lähmungserscheinungen zeigte.

Dann, innerhalb weniger Minuten, wichen die Schmerzen, und das Gefühl im Körper kehrte zurück. Also machte ich mich auf den Rückweg nach Chaltén. Mutterseelenallein. Ich überquerte ein fast ausgetrocknetes Bachbett, zwanzig Meter breit und lehmig, ging durch einen Wald, der voll war von diesen kleinen knorrigen, sehr kräftigen Buchen, die sich tagein, tagaus gegen das kalte Klima und die ständigen Stürme wehren müssen. Ich ging weiter und weiter.

Plötzlich fühlte ich, dass mich etwas begleitete. Etwas Fremdes, etwas, was mir Angst machte, eine Kraft, die sich in mir ihren Platz verschaffen wollte. Etwas, wogegen ich instinktiv anzukämpfen versuchte.

Ich war nicht mehr allein. Da war ein Gefühl von zwei Identitäten. Eine mir bekannte – mein Ich. Und eine mir unbekannte – eine, die mir meinen Geist zu rauben drohte und die offensichtlich nicht weichen wollte. Ich hatte Angst.

Es brauchte meine ganze Konzentration, einen Fuß vor den andern zu setzen. Ich konnte keinen klaren Gedanken mehr fassen. Ich fühlte mich fremdbestimmt, kämpfte mit allen Sinnen dagegen an, erinnerte mich dann an das autogene Training, das ich früher einmal erlernt hatte. Ich stellte mir vor, über meinem Kopf befände sich ein Panzer aus Plexiglas, der außer Licht nichts zu mir durchließe. Das half. Es ging mir besser, ich konnte schneller gehen, fühlte, wie mich dieses »Glas« schützte, so dass ich wieder klarer denken konnte. Ich begann zu murmeln. Wie ein Mantra sagte ich immer wieder dieselben Sätze: »Ich bin ganz ruhig. Gott hilft mir. Ich bin ganz ruhig. Gott hilft mir.« Zwei Stunden lang. Ich bin ganz ruhig. Gott hilft mir. Über mir das imaginäre Plexiglas, darüber, deutlich spürbar, dieses bedrohende Etwas, diese beängstigende, sich Platz und Raum schaffen wollende Energie. So kam ich langsam zum Dorf. Kaum sah ich, nach einer lang gezogenen Rechtskurve, das erste Hausdach – da war der Spuk vorbei. Von einer Sekunde auf die andere. So, als hätte man mitten in einem schlechten Film einfach den Fernseher ausgeschaltet. Die Energie über mir zerplatzte wie eine Seifenblase. Die Bedrohung war weg.

Wie von einer schweren Last befreit, lief ich zu meinem Lager und traf auf den jungen Burschen, der mir vor meinem Aufstieg angeboten hatte, für ein paar Pesos die Hälfte meiner dreißig Kilo ins Lager zu schleppen, was ich allerdings dankend abgelehnt hatte.

Ich traf also diesen Jungen, der ein lautes »Hey, Evelyne« schmetterte und mich fragte, wie es mir gehe. Ich sei müde, antwortete ich, sehr, sehr müde, ich wolle nicht reden, sondern ins Zelt. »Warte«, sagte der Argentinier auf Englisch, »warte, ich muss dir etwas erzählen, von Pepo. Kennst du Pepo?« Ich kannte keinen Pepo, wollte auch nichts von einem Pepo wissen, ich wollte ins Zelt. Doch der Junge ließ mich nicht gehen, er wollte reden, erzählen, etwas loswerden: Pepo sei nach einer erfolgreichen Erstbegehung des Piergorgio beim Abstieg auf einem Schneefeld ausgerutscht und dann über eine Wand gestürzt. Er sei tot.

Wann das passiert sei, wollte ich wissen. »Gestern«, sagte der Junge und verabschiedete sich.

Ich schleppte mich ins Zelt und tat etwas, was ich nie zuvor und nie danach getan habe, ich verschlief vier lange Tage und ebenso viele Nächte, nur unterbrochen von Hunger und Durst.

Stephan traf zwei Tage später ein, ließ mich ausruhen und briet mir zur Stärkung Pancakes auf dem Benzinkocher. Er kümmerte sich rührend um mich. Aber am fünften Tag übersprudelte sein Tatendrang, und er wollte wissen, wann wir endlich zum Mount Fitz Roy aufbrächen. Meine Geschichte, die ich ihm erzählt hatte, fand er unglaubwürdig, und er konnte meine Entscheidung nicht nachvollziehen, als ich ihm sagte, dass ich zwar bereit sei, zum Fitz Roy aufzubrechen, dass ich aber beim leisesten Anzeichen einer Irritation umkehren würde. Ich war verängstigt.

Diese Geschichte erzähle ich Andy am Ende unserer Expedition, er hat mir zugehört und ist dabei eingeschlafen.

Seine Geschichte mit Irvine, meine Geschichte von Patagonien sind für mich Beweise dafür, dass wir nicht alles verstehen, was um uns herum geschieht. Manchmal ist es einfach da, dieses unbegreiflich Feinstoffliche, so fein wie Seide oder Tüll. Man sieht hindurch. Ein bisschen. Das genügt meist schon. Man kann nicht jeden Schleier lüften.

Am vierten Tag im Basislager besuchen uns zwei Mönche des Rongbuk-Klosters, sie kommen, um die Muttergöttin der Erde in einer Zeremonie, die sie »Puja« nennen, dafür um Nachsicht zu bitten, dass wir mit Steigeisen an den Füßen auf ihrem Haupt herumtrampeln werden.

Die Sherpas haben für diese Zeremonie bereits einen kleinen Altar aus Steinen gebaut und ihn mit Gebetsfahnen geschmückt. Gebetsfahnen, das sind quadratische, verschiedenfarbige Tücher, auf denen Gebete und – in der Mitte – ein Pferd aufgedruckt sind. In der tibetischen Sprache werden sie »Lungta« genannt, was übersetzt »Windpferde« bedeutet. Flattern die Fahnen im Wind, galoppieren die Pferde mit den Segenswünschen in das Universum hinaus, zum Wohle aller lebenden Wesen. Gebetsfahnen sind überall in Tibet anzutreffen, sie sind in der Zeit der Unterdrückung wohl auch ein Zeichen der Hoffnung, dass die Chinesen bald abziehen und das Land endlich wieder frei werde.

Die Mönche belegen den Altar mit Büscheln aus Gras oder Korn – ich kann nicht erkennen, was genau es ist – und zünden sie an. Die Büschel brennen nicht, sie motten. Nun spritzen die Mönche erst Wasser in den aufsteigenden Rauch, dann auf all unser Material, das wir zum Ort der Segnung getragen haben. Lange und ausgiebig segnen sie unser Essen, unsere Ausrüstung, die Eispickel, die Steigeisen – und uns.

Dann setzen sich die beiden vor den Altar und beginnen ihre Mantras zu murmeln. Monoton, in immer gleichem Singsang, lesen sie die Gebetsformeln von einer Tafel ab. Ich verstehe – so wie wir alle – kein Wort. Absolut nichts. Aber das tut wenig zur Sache. Es sind nicht die Worte, die wir verstehen müssen, sondern es ist der Moment, die Atmosphäre, das Hier und Jetzt, das wir in uns aufnehmen sollen.

Ich sitze da – in meinen Ohren das Gemurmel der Mönche und das Flattern des Windes – und halte zwei Stunden lang still. Ich! Keine roten Ameisen, die in meinen Adern kribbeln, nur Ruhe. Und Sentimentalität. Eine, die ich von zu Hause kenne, die ich dann verspüre, wenn ich am Heiligabend in der Mitternachtsmesse »Stille Nacht, heilige Nacht« singe.

Der Moment fesselt mich, ich fühle mich glücklich, fröhlich, zuversichtlich, ich fühle mich geborgen. Fühle mich aufgehoben, nein, mehr noch, ich fühle mich beschützt. So wie ich mich früher beschützt fühlte, wenn mich meine Mutter tröstend in die Arme nahm. Die Intensität dieser Zeremonie treibt mir die Tränen in die Augen.

Und plötzlich ist es da, das Wort: pilgern. Das ist es, was ich hier im Himalaja tue, wo sich die höchsten Gipfel der Erde erheben, wo Himmel und Erde sich so nah sind wie nirgendwo sonst – ich pilgere, besuche die Götter dieser Welt.

Als die Mönche die Segnung beenden, spüre ich, dass ich meine Chance bekommen würde, eines Tages auf dem Dach der Welt zu stehen. Ich fühle eine große Verbundenheit mit Chomolungma, fühle, dass mir der Berg gut gesinnt ist. Aber ich empfinde auch ein Gefühl von Bescheidenheit. Wenn der Berg oder die Macht, die ich hier verspüre, nicht wollen, dass ich jemals auf dem erhabensten Platz unserer Erde stehen soll, werde ich mich fügen. Oder dies zumindest versuchen.

Die Zeremonie schenkt mir die Freiheit loszulassen. Geschehen zu lassen. Abschied zu nehmen. Abschied zu nehmen von der Sehnsucht nach meinem Lebenspartner Sandro, aber auch von allen Zwängen, Erwartungen und Gewohnheiten.

Ich atme tief durch, stehe auf, schaue zu, wie zum Abschluss der Feier für jedes Expeditionsland ein Wimpel neben die Gebetsfahnen gehängt wird. Für Robert und mich flattert das weiße Kreuz auf rotem Grund.

Als ich zu meinem Zelt zurückgehe, sehe ich Tsangbu, einen siebzehnjährigen, nur gerade einsfünfzig großen Jungen, wie er zum Fluss hinuntergeht, um Wasser für uns zu holen. Ich beobachte ihn, sehe, mit welcher Ruhe er Fuß vor Fuß setzt, wie er, als er unten ankommt, den dreißig Liter fassenden Kanister absetzt und ohne Hektik beginnt, mit einem Pickel ein Loch ins Eis zu schlagen. Als es groß genug ist, schöpft er mit einem Blechkrug Wasser. Blechkrug um Blechkrug um Blechkrug um Blechkrug füllt er den Kanister – seine Arbeit ist Meditation. Ich könnte ihm stundenlang zusehen.

Tsangbu ist der Sohn des Yak-Mannes Karsang. Yak-Männer, das sind tibetische Hirten, meistens Nomaden, die mit ihren Hochlandtieren durch das Land ziehen, immer auf der Suche nach Gras. Die Mount-Everest-Expeditionen sind für sie eine willkommene Möglichkeit, Geld zu verdienen. Mit ihren Yaks transportieren sie Lasten und helfen überall da, wo Hilfe benötigt wird. Die Yak-Männer sind den Sherpas hierarchisch unterstellt und kommen in großen Höhen nicht zum Einsatz.

Tsangbus Vater, Karsang, ist allerdings eine Ausnahme. Vier Jahre lang hat er für Russell gearbeitet und fiel diesem nicht nur durch seine Loyalität und sein Engagement auf, sondern auch durch sein großes Interesse an der Arbeit der Sherpas. Eines Tages fragte Karsang Russell, ob es ihm, als Yak-Mann, wohl jemals möglich sein würde, auf der Muttergöttin der Erde zu stehen. Russell hat ihm dies ermöglicht. Karsang stand am 23. Mai 2001, zusammen mit Robert Bösch, auf dem Dach der Welt. Als erster Yak-Mann überhaupt. Er hat damit zwar keine Schlagzeilen geschrieben, aber er ist zu einem Top-Sherpa geworden, ist heute ein angesehener Hochträger und Bergsteiger. Und so gut bezahlt, dass seine ganze Verwandtschaft nicht mehr in bitterer Armut leben muss.

Karsang brachte seinen Sohn einfach mit. Russell hat ihn zum Wasserträger erkoren. Eine weitere Einnahmequelle für die Familie.

Tsangbu hat hüftlange, tiefschwarze Haare, die er mit rotem Garn zu einem Zopf flicht. Zusammengehalten wird dieser tibetische Haarschmuck von einem Stück Yak-Horn. Manchmal wickelt Tsangbu den Zopf am Hinterkopf zu einem Knoten, manchmal lässt er ihn hängen. Dann fallen die Spitzen seiner Haarpracht bis auf sein Gesäß.

Tsangbu ist ein Mensch, dessen Lachen von ganz tief innen kommt. Er lacht nicht nur mit dem Mund und den Augen, er lacht, so scheint es mir, mit seinem ganzen Körper. Nein, er lacht mit seiner Seele, er strahlt Lachen aus. Lächelt er mich an, möchte ich ihn jedes Mal in die Arme schließen und sagen: »Du kleiner großer Mann, pass auf dich auf.«

Das Wasser, das er jeden Tag anschleppt, ist nicht nur zum Kochen und Trinken bestimmt, sondern auch zum Duschen, denn hier im Basislager haben wir sogar das: den Luxus, duschen zu können. Doch da das Wasser zuerst aufgekocht und dann zur Dusche getragen werden muss, verzichten wir, wenn immer möglich, darauf.

Will ich mich waschen, gehe ich zum Fluss, suche mir einen ungestörten Platz, schlage ein Loch ins Eis – und schnappe, wenn das kalte Wasser meinen Körper und vor allem meine Kopfhaut berührt, jedes Mal nach Luft. Als ich beobachte, dass die Männer für ihre morgendliche Rasur im Kochzelt warmes Wasser holen, schließe ich mich ihnen an, hole mir auch ein Becken und staune, wofür zwei, drei Liter Nass reichen: Körper waschen, Haare waschen, Wäsche waschen. In dieser Reihenfolge – alles in ein und demselben Becken. Und wo wir gerade bei der Körperhygiene sind: Unsere Toilette ist eine Tonne aus Plastik, auf die eine WC-Brille geschnürt wurde. Die Tonne befindet sich in einem kleinen Zelt und ist ausschließlich für unseren Kot bestimmt. Wasser lassen wir hinter Steinen. In der Höhe lernt man, die Dinge voneinander zu trennen.

Die vollen Tonnen werden gelagert und zusammen mit dem Müll aus den oberen Lagern am Ende der Expedition entsorgt.

Das Antibiotikum, das meinen Husten lindert, tut meinem Darm nicht gut, der Durchfall, unter dem ich leide, macht meine Situation schwieriger, als sie sein müsste. Und zwingt mich überdies dazu, noch mehr zu trinken. Drei bis vier Liter pro Tag sollten hier – auf 5200 Metern – mindestens getrunken werden, um in der trockenen Höhenluft nicht zu dehydrieren, also auszutrocknen. Wer genügend trinkt, wird weniger krank und wirkt den Kopfschmerzen entgegen. Die Flüssigkeit hilft dem durch die vermehrten roten Blutkörperchen zähflüssig gewordenen Blut, durch die Adern zu fließen.

Am Abend nach der Puja-Zeremonie bleibe ich – zusammen mit den vier Führern Russell, Andy, Asmus und Chris – im Esszelt sitzen. Es ist halb acht, und draußen herrscht finstere Nacht. Wir trinken Whisky, erzählen von unserem Leben, stoßen an und hören schließlich nur noch Russell zu, dem Mann, der ansonsten nicht viel spricht. Es scheint, als wolle er durch sein Erzählen Erinnerungen erträglicher machen.

Zum Beispiel die Erinnerung an Marc, der unbedingt auf den Mount Everest steigen wollte. Weil Marc jedoch das Geld für den erfahrenen und gefragten Führer Russell fehlte, schloss er sich einer Billigexpedition an. Russell und Marc waren zur gleichen Zeit am Mount Everest. Marc war ein großer, starker, schwerer Mann, einer, der viel essen mochte. Immer wieder besuchte er Russell während seines Aufenthaltes im vorgeschobenen Basislager, setzte sich zu ihm, trank Tee mit ihm und aß dabei all die Süßigkeiten, die ihm offeriert wurden. Und zwar ohne einen Krümel übrig zu lassen. Marc, das war offensichtlich, hatte Hunger.

In dieser Höhe ist es wichtig, ausreichend zu essen, denn der Körper braucht sehr viel Energie. Selbst beim Nichtstun. Ich habe mir zu Hause ein paar Kilo angefressen und merke schon jetzt, wie sie dahinschmelzen. Und dies, obwohl Latschu, der nepalesische Koch, uns wunderbar verwöhnt. Mit viel Gemüse und Spaghetti, die Biss haben. Sogar Pommes frites zaubert er auf den Tisch.

Latschu ist nicht nur ein Kochkünstler, er ist auch ein Schlitzohr, gewieft und interessiert und längst mit unserer westlichen Lebenseinstellung vertraut. Als einer der wenigen hier weiß er, dass ein Dollar für uns den viel geringeren Wert hat als für einen Tibeter. Er verhandelt immer zu Gunsten der Yak-Männer, die neben ihren Hochlandtieren Dinge wie Teppiche, Steine oder Glöckchen ins Basislager bringen, um uns diese zu verkaufen.

Latschu füllt nicht nur unsere Teller, er füllt das Esszelt mit seiner ganzen Person, ist ein witziger, fröhlicher Unterhalter, der es liebt, sich mit uns an den Tisch zu setzen. Schon viele berühmte Bergsteiger, unter ihnen Reinhold Messner und Erhard Loretan, hat er bekocht. Ein hervorragender Koch und gute Nahrung haben ihren Preis. Leider hatte Marcs «Dumping»-Expedition nicht nur am Koch, sondern auch am Essen gespart.

Marc nahm ab. Und zwar in solch kurzer Zeit, dass man ihm dabei zusehen konnte. Er wurde von Tag zu Tag schwächer, schaffte es aber doch auf den Gipfel des Mount Everest. Und zwar am selben Tag wie Russell. Die beiden trafen sich auf dem Anstieg. Russell fragte Marc, wie es ihm gehe, und bekam zur Antwort: »Gut. Es geht mir gut.« Doch Russell sagte: »Marc, du siehst schlecht aus, geh zurück, geh nicht weiter hoch, viele, die oben entkräftet ankamen, schafften den Abstieg nicht mehr!« Doch Marc sagte noch einmal: »Es geht mir gut.«

Die beiden trafen sich später noch zwei weitere Male. Das erste Mal auf dem Gipfel. Das zweite Mal beim Abstieg, wo Russell mitansehen musste, wie sich sein Freund, statt sich zur Sicherung am Fixseil einzuklinken, neben die Abstiegsroute begab und dort begann, sich auszuziehen. Russell kannte dieses Phänomen. Es hat einen Namen: Hyperthermie. Wärmeschub. Ist die Erschöpfung zu groß, sind die Reserven bis aufs Letzte ausgeschöpft, wird der Körper ganz heiß. Es ist ein letztes Aufbäumen, ein letztes Mobilisieren der allerletzten Kräfte – um zu sterben. So zumindest interpretiere ich es.

Marc blieb oben. Für immer. Russell hat für ihn einen Gedenkstein niedergelegt. Hinter unserem Basislager auf einem kleinen Hügel, wo – vor Jahren – eine Art Gedenkstätte eingerichtet worden ist. Für diejenigen, die der Berg nicht mehr freigibt. Es ist ein Platz, den ich immer wieder aufsuche, um mich den Menschen, deren Leben am Berg ein Ende nahm, nahe zu fühlen und um allein zu sein.

Russell schweigt lange, schließlich meint er, Marcs Geschichte lasse ihm wohl noch lange keine Ruhe. Er nimmt einen Schluck Whisky, dann spricht er weiter. »Ihr werdet auf Tote treffen bei eurem Aufstieg. Der ›Black and White Man‹ allerdings, der bleibt euch erspart.«

Der »Black and White Man«, dessen Name man bei der Gedenkstätte auch findet, lag lange Zeit in seinem vom Wind zerfetzten Zelt. Die eine Gesichtshälfte schwarz gefroren, die andere von der Sonne ausgebleicht. Eines Tages hat ihn der Wind vom Berg gefegt oder vielleicht – man weiß es nicht genau – hat ein Bergsteiger oder ein Sherpa genügend Energie besessen, um ihn über die Felswand in die Tiefe zu rollen.

Die richtigen Namen der Toten kennt man nicht, sondern nur die, die ihnen der Mount Everest gegeben hat. »Sleeping Man«, schlafender Mann, »Indian Man«, indischer Mann, »Waving Man«, winkender Mann, und »American Woman«, amerikanische Frau.

Der schlafende Mann liegt unter einem Felsen, der Mushroom-Rock genannt wird, weil er aussieht wie ein Pilz. Der schlafende Mann hat sich – vermutlich beim Abstieg – unter diesen Stein gelegt, um sich auszuruhen. Er liegt in Embryostellung auf der Seite, seine Hände liegen – Handfläche auf Handfläche gelegt – unter seinem Kopf. Ich weiß, dass ich beim Aufstieg über ihn hinwegsteigen muss. Ich wusste das schon zu Hause. Und habe mich gefragt, ob ich das wollte? Will ich über Leichen gehen, um zum Gipfelerfolg zu kommen? Aber ich habe mir eingeredet, dass ihn wohl derselbe Wunsch nach oben getrieben hat wie mich. Weshalb sollte ich also meinen Traum aufgeben, weil er ihn aufgeben musste? Man kann sagen, er hat seinen Wunsch, auf dem Mount Everest zu stehen, mit dem Leben bezahlt. Ich denke, es muss schön sein, so zu sterben, nicht an einer Krankheit und nicht im Bett, sondern während der Erfüllung eines lange gehegten Traumes. Schrecklich ist der Tod nur für die, die zurückbleiben, da bin ich mir sicher. Diejenigen, die gehen, fühlen keinen Schmerz.

Der winkende Mann befindet sich oberhalb des Second Step, sieben Meter von der Route weg, in einem Geröllfeld. Einer seiner Arme ragt steif gefroren in die Höhe, sodass man glaubt, er winke einem zu. Der Inder liegt im Gipfelbereich, und zwar so, dass man ihn nicht sieht, wenn man die Route nicht verlässt. Auf die Amerikanerin trifft man beim Abstieg, unterhalb des First Step. Sie liegt auf dem Rücken, die Arme an ihre Seiten gepresst. Russell kennt auch ihre Geschichte: »Sie war mit einer polnischen Expedition unterwegs und beim Abstieg zu langsam. Weil die Visa ihrer Teamkollegen bald abliefen, machten diese Tempo und kümmerten sich nicht weiter um sie. Ein nachträglich verlängertes Visum kostet fünfzig Dollar.« Am Mount Everest ist ein Menschenleben keine fünfzig Dollar wert.

Falsch. Russell hat es schon viele Male bewiesen. Er, der gut Organisierte, hat – zusammen mit seinen Sherpas – schon oft Menschen über 8000 Metern geholfen, lebend runterzukommen, hat dabei sogar Sauerstoffflaschen verschenkt. Eine Flasche kostet, bis sie oben am Berg ist, gut und gern 500 Dollar. Das Zehnfache eines verlängerten Visums also.

Als wir den Rest der Whisky-Flasche verteilen, sagt Russell: »Der Versuchung des Gipfels nicht widerstehen zu können, das ist der größte Fehler, den man machen kann.« Wir alle wissen, wovon er spricht: Gipfelfieber. Wer nicht Punkt zwölf Uhr ganz oben steht – und ganz oben heißt ganz oben –, muss umkehren. Auch dann, wenn das Ziel in schier greifbarer Nähe liegt und ein Abstieg in die Sicherheit sehr viel mehr Willenskraft braucht als ein ehrgeiziges Weitergehen. Wer dieses Gesetz nicht respektiert, nimmt den Tod in Kauf. Einer von uns, aber das wissen wir zu diesem Zeitpunkt noch nicht, würde der Versuchung nicht widerstehen können.

Als wir uns eine gute Nacht wünschen, bin ich sehr nachdenklich, aber auch sehr glücklich. Unsere Gemeinschaft hier ist schön. Mir wird einmal mehr bewusst, dass ich die Einsamkeit nur deshalb so liebe, weil ich jederzeit in eine Gemeinschaft zurückkehren kann.

Als ich ins Zelt komme und meinen Wecker stelle, sehe ich, wie spät es geworden ist. Mir bleiben noch zweieinhalb Stunden Schlaf, bevor ich mit Robert einen Vorstoß auf 6350 Meter machen werde, um unsere Körper weiter zu akklimatisieren.

Als ich aufstehe, hat Robert schon längst seinen dritten Kaffee getrunken und ist voller Tatendrang. Er ist unheimlich schnell unterwegs. Ich stapfe ihm nach. Ich habe Kopfschmerzen. Von der Höhe. Vielleicht. Oder aber vom Kater. Egal. Ich muss da jetzt einfach durch. Wenn du saufen kannst, Evelyne, sage ich mir, dann kannst du auch laufen. Es ist sehr kalt, der Wind bläst, ich will nur eines, zurück in mein Zelt, aber mein Kopf ist stärker, er setzt sich durch. »Zwängigrind«, so hat mich mein Vater oft genannt. Und es ist gut, dass ich weitergehe, denn zum ersten Mal wird mir bewusst, dass es hier weder Raum noch Zeit zu geben scheint, dass sich Distanzen kaum mehr messen lassen, weder in Metern noch in Minuten. Das Gefühl von »bald bist du oben« habe ich an diesem Tag x-mal, nur um feststellen zu müssen, dass das, was gerade noch so nah schien, im nächsten Moment unendlich weit weg ist.

Der Mount Everest setzt andere Maßstäbe. Er täuscht einen. Ich beginne, ein neues Gefühl für Zeit zu entwickeln. Es gibt kein Vorher und kein Nachher, es gibt nur ein Jetzt. Atemzug um Atemzug, Schritt für Schritt. Jetzt. Die Yak-Männer kennen keine Uhren und keine Agenden. Wenn Russell dieses Jahr wieder abreist, wird er mit Karsang denselben Treffpunkt ausmachen wie jedes Jahr. Er wird sagen, ich bin in genau einem Jahr wieder da, warte an der Straße auf mich. Und Karsang wird – ohne zu wissen, welches Datum wir an diesem Tag schreiben – an der Straße stehen und warten. Auf den Tag genau.

Als ich erschöpft und durchfroren ins Basislager zurückkomme, gehe ich geradewegs ins Kochzelt, um zu trinken und auf das Essen zu warten. Ich bin froh, wieder im Lager zu sein, aber glücklich, 6350 Meter erreicht und meinen inneren Schweinehund überwunden zu haben.

Von nun an mache ich alle zwei Tage eine große Tour. Ein Tag Anstrengung, um schneller zu akklimatisieren, ein Tag Pause, um den Körper regenerieren zu lassen. So sieht mein Rhythmus aus.

DER WUNSCH, BERGFÜHRERIN ZU WERDEN, hat sich nicht langsam entwickelt. Er war nach meiner ersten Skitour, die ich im Winter 1984 unternahm, einfach da und ging nicht mehr weg. Ähnlich einer Tätowierung. Ich war damals siebzehn Jahre alt und beendete gerade meine Lehre als Sportartikelverkäuferin in Engelberg. Eigentlich hätte ich Sportlehrerin werden wollen. Aber weiter die Schulbank zu drücken, lag für mich nicht mehr drin. Ich wollte mein Leben endlich selbst in die Hand nehmen, eigenes Geld verdienen, nicht mehr nach den Regeln der Erwachsenen leben müssen. Eine Lehre, dachte ich, sei Ablösung pur. Mein Vater hatte mit meiner Berufswahl größte Mühe, aber er stellte sich mir nicht in den Weg, sondern ließ mich gewähren.

Die einzige freie Lehrstelle, die ich fand, war in Engelberg. Knappe dreißig Kilometer von zu Hause weg. Damit ich mein Leichtathletiktraining weiterhin absolvieren konnte, nahm ich am Morgen das Velo mit in den Zug, um nach Ladenschluss schneller zu Hause zu sein und pünktlich zum Training gehen zu können. Meine Tage waren ausgefüllt mit Arbeiten und Trainieren. Zu lernen brauchte ich selten, die Gewerbeschule fiel mir leicht.

Gleich nach dem Aufstehen trainierte ich eine halbe Stunde Kraft für den Oberkörper. Im Sommer joggte ich in der Mittagspause auf einen Berg, und im Winter fuhr ich Ski, radelte nach der Arbeit nach Hause und hängte noch zwei Stunden Leichtathletiktraining an. Meine Schwester und viele meiner Hergiswiler Kollegen meinten, ich hätte einen psychischen Tick, aber das war mir mehr oder weniger egal, denn inzwischen hatte ich in Engelberg viele neue Leute kennen gelernt, denen meine überschäumende Energie gefiel. Ich traf Skilehrer, Kletterer und Bergführer, Gleichgesinnte. Menschen, die ihre Grenzen immer wieder neu definierten, denen Natur und Berge und die körperliche Herausforderung dasselbe bedeuteten wie mir: Freiheit.

Besonders zu den Bergführern schaute ich auf wie zu den Sternen. Und wie die Sterne, so war anfänglich auch mein Wunsch, Bergführerin zu werden, unerreichbar.

Trotzdem fieberte ich meinem neunzehnten Geburtstag entgegen. Frühestens dann konnte ich mich für die Bergführerausbildung anmelden. Doch als ich neunzehn war, fehlte mir der Mut dazu. Und ich bildete mich nicht zur Bergführerin, sondern zur Skilehrerin weiter.

Die Tätowierung aber war da. Und mit jedem Berg, den ich erkletterte, wurde dieses »Das kannst du nicht, das kannst du nicht« weniger bedeutend. Irgendwann begriff ich, dass ich anstelle von »Das kannst du nicht« auch das Gegenteil denken könnte: »Das kannst du.« Dabei halfen mir sicher meine Fortschritte im Klettern. So wie ein junger Vogel immer besser fliegen lernt, so lernte ich, mich im Fels immer geschickter zu bewegen. Klettern war für mich fliegen. Und je besser ich darin wurde, umso mehr wuchs meine Selbstsicherheit. Und als mir ein Kollege, mit dem ich viel kletterte, sagte, er melde sich für die Bergführerausbildung an, dachte ich: »Was der kann, kann ich auch«, und verlangte die Anmeldeunterlagen.

Damals war ich 21 Jahre alt, und rückblickend weiß ich, mit neunzehn wäre ich zu jung gewesen, um Bergführerin zu werden. Man braucht festen Boden unter den Füßen. Je geerdeter man ist, desto besser sind die Chancen zu bestehen.

Die Ausbildung zum Bergführer dauert mindestens drei Jahre, ist in verschiedene Blockkurse aufgeteilt und fordert einem alles ab. Hätte ich gewusst, wie viel, hätte ich mich wohl doch gescheut, mich anzumelden. Für die Anmeldung braucht es eine Empfehlung von einem Bergführer, einen Samariterkurs, Erfahrung im Bergsteigen mit einem – ich schätze – mindestens fünfjährigen alpinistischen Training. Im Alpinismus bewegt man sich in festen Schuhen an einem Berg, mit dem Ziel, auf den Gipfel zu kommen. Im Gegensatz zur Sportkletterei, die man in abgesicherten Routen und in Kletterfinken betreibt, ist man im Alpinismus vermehrt objektiven Gefahren wie Wetterumstürzen, Steinschlägen, Gletscherspalten und bröckelndem Fels ausgesetzt.

Wer die Bergführerausbildung ohne Grundwissen und Grundkönnen beginnt, der zieht bald unverrichteter Dinge wieder ab.

Mit mir rückten 72 Männer und zwei Frauen ein. Die erste Woche bestand aus der Lawinenausbildung und der Skiprüfung. Über Lawinen wusste ich als Skilehrerin zwar schon einiges, staunte aber über all das, was ich nicht wusste, und noch mehr über mich selbst. Denn was ich theoretisch und praktisch über Schneedeckenaufbau erfuhr, was ich in Büchern las und im Gelände über deren verschiedene Festigkeiten lernte, faszinierte mich mehr als jeder Roman. Ich fühlte mich gut.

Dann folgte der erste Prüfungstag, die Skiprüfung. Sie war nicht schwierig. Sie war auch nicht sehr schwierig. Auch nicht sehr, sehr schwierig. Sie war extrem schwierig. Eine der vielen Aufgaben bestand darin, mit den Skiern in einen Steilhang zu fahren, dort einen Eiswulst abzurutschen und an einem ganz bestimmten, exponierten Punkt eine Spitzkehre hinzulegen, um dann – in einem großen Bogen – zu den andern aufzuschließen.

Ob wir die Aufgabe verstanden hätten, wollten die Experten von uns wissen. Wir hatten, und so fuhr der Erste los. Als er beim Eiswulst in der Tiefe verschwand und nicht mehr zu sehen war, ging der Zweite, dann der Dritte. Alle drei fuhren sehr elegant und standen sicher auf den Skiern. Der Vierte ging, der Fünfte, alle fuhren sie gekonnt und zielstrebig auf die Stelle zu. Dann war die Reihe an mir. Ich fuhr in den Schräghang, dann auf den beinahe senkrechten Eiswulst zu. Dort versuchte ich, mit aller Konzentration und Kraft die Kanten meiner Skier ins Eis zu schlagen, um Stand zu haben – ich stürzte. »Mist«, dachte ich, »jetzt ist es schon gelaufen.«

Ich nahm mich zusammen, »nicht gehen lassen, jetzt bloß nicht gehen lassen«», dachte ich und schaffte es, wieder auf die Beine zu kommen und genau da die Spitzkehre zu machen, wo man diese von uns verlangte. Danach fuhr ich den Bogen und schloss zu meinen Kameraden auf. »Dumm gelaufen«, flüsterte ich ihnen zu, und sie trösteten mich: »Schau, dort oben kommt schon der Nächste daher, genau wie du, genau wie wir alle, auf dem Hosenboden.« Tatsächlich. Ich schaute ganz gebannt zu, wie einer nach dem andern stürzte, wie einige früh genug wieder auf die Beine kamen und andere Purzelbäume schlugen und zurücksteigen mussten, um die Spitzkehre am vorgegebenen Ort auszuführen. Ich begriff, dass nicht in erster Linie unser Fahrstil interessierte, sondern vielmehr unsere Reaktion auf den persönlichen Misserfolg. Unsere Technik interessierte die Experten in dieser Disziplin überhaupt nicht, sie prüften etwas anderes – unsere psychische Belastbarkeit.

Ich empfand diesen Tag als gemeine Schikane. Befürchtete, dass dies bloß die erste und wahrscheinlich noch leichteste Prüfung war von vielen, die noch auf mich warteten. Wollte ich mich dem aussetzen?

Am nächsten Morgen sah ich das Ganze bereits etwas anders. Ich verstand, dass man uns nicht bis aufs Blut schikanieren, sondern bloß testen wollte. Man wollte unsere Entscheidungsfreudigkeit, unsere Selbstsicherheit, unsere Fantasie und unsere Courage prüfen. Und dies – doch das sollte ich erst viel später erkennen – zu Recht. Schließlich braucht es einiges mehr als technisches Knowhow, um eine Gruppe von Gästen sicher auf einen Berg und wieder hinunterzuführen. Es braucht Erlebnisvorsprung.

Nach einer Woche reiste die Hälfte von uns ab. Durchgefallen. Leider auch meine weiblichen Kolleginnen. Nun war ich die Henne im Korb. Eine, die von den Experten streng beobachtet wurde. Manchmal hatte ich das Gefühl, nicht mal leise seufzen zu können, ohne dass dies registriert wurde. Mit der Zeit beobachtete ich aber, dass es meinen männlichen Kollegen ebenso erging. Auch sie fühlten sich wie Ameisen unter einem Elektronenmikroskop.

Zusätzlich zu den einzelnen Prüfungstagen, die wir während der Ausbildungsjahre in jeder Disziplin bestehen mussten, wurde jeden Abend eine Tagesnote abgegeben. Die Note setzte sich aus der Summe von Beobachtungen zusammen. Die Ausbilder registrierten, wie sich der Einzelne in die Gruppe integrierte, ob wir unsere Siebensachen in Ordnung hielten, ob wir am Morgen pünktlich auf die Minute antraten, ob wir auf unsere Kollegen eingehen konnten oder ob wir lieber alleine in einer Ecke hockten.

Die Experten hatten Adleraugen. Und Ohren, so groß wie die von Rotkäppchens Großmutter. Und sie besaßen ein Gespür für die kleinsten unserer Gefühlsregungen. Sie lasen in unseren Gesichtern, in unseren Bewegungen. Die Gedanken sind frei? Mitnichten. Gesichtszüge, das Strahlen von Augen oder deren Mattheit, feuchte Hände, trommelnde Finger – der Mensch ist ein offenes Buch. Man muss es nur lesen können.

Als ich erkannte, dass ich hier nicht nur technisch und theoretisch etwas lernen konnte, sondern auch in Bezug auf meine Mitmenschen und auf mich selbst, akzeptierte ich die Tatsache, ständig beobachtet zu werden, und begann meinerseits zu beobachten. Ich ließ »meine« Männer nicht mehr aus den Augen, las in ihren Bewegungen und in ihren Gesichtern und erfuhr einiges. Vor allem dies: Männer überspielen jegliche Unsicherheit. Wenn sie nicht mehr weiterwissen oder keine Erfahrung haben, tun sie, als hätten sie die Sache im Griff. Sie stützen ihre Hände in die Seiten, machen einen geraden Rücken, plustern ihre Schultern auf und klopfen womöglich große Sprüche. Männer kennen alle Facetten des Überspielens und stehen dann doch plötzlich in einer Sackgasse. Oder wie der Esel am Berg.

So war das zumindest in der Bergführerausbildung, wo jeder Einzelne – zu Übungszwecken – wieder und wieder die ganze Gruppe führen musste. Der, der führte, hatte Stress. Wir andern, die wir Kunden spielten, waren die Ruhe selbst. So lange jedenfalls, bis wir sahen, dass derjenige, der die Bergführerrolle innehatte, nicht mehr weiterwusste oder in eine Sackgasse geriet. Dann – und das war schön – hielten alle zusammen. Wir »Gäste« versuchten, ihm mit dem Heben einer Augenbraue oder einer winzigen Bewegung des kleinen Fingers Hinweise zu geben, was er als Nächstes tun oder eben nicht tun sollte. Wir konnten ihm nicht auf die Schultern klopfen und sagen: »Bevor du mit uns über dieses Firnfeld gehst, musst du uns anweisen, die Steigeisen anzuschnallen.« Oder: »Wenn du diesen Grat geklettert bist, musst du dich links halten.« Die Experten hatten ihre Augen und Ohren überall. Also entwickelten wir eine Gebärdensprache, mit der wir ganze Sätze austauschen konnten. Wir wurden eine verschworene Truppe. Kein Neid – fast kein Neid in dieser Männerwelt. Davon konnte auch ich profitieren, dann nämlich, wenn ich an meine Grenzen stieß, wenn ich am Berg stand wie die Eselin, und mich fragte, warum ich die Karte, die ich während der Tour nicht benutzen durfte, am Vorabend nicht länger studiert hatte – statt zu schlafen.

Für einen Bergführerkurs wird nicht nur technisches und praktisches Wissen vorausgesetzt. Wer nicht weiß, wann er an seine Leistungsgrenzen stößt und wie er darauf reagiert, wer nicht weiß, was es heißt, jemandem zu vertrauen oder jemandem nicht zu vertrauen, wer noch keine Ahnung hat, wie tödlich Missverständnisse in den Bergen sein können, kurz, wer sich selbst nicht genügend kennt, für den ist es schwierig zu bestehen.

Ich war die Jüngste im Kurs, meine Lebenserfahrung hinkte derjenigen der Männer nach. Was mir half, war die Tatsache, dass ich meine Grenzen bereits in der Leichtathletik und während vieler

Klettertouren millimetergenau ausgelotet hatte und im Fels schon öfter in Situationen geraten war, die zum Ernstfall geworden wären, wenn ich nicht fähig gewesen wäre, meine Leistungsgrenze immer wieder neu zu definieren. Ich wusste, ich konnte über mich selbst hinauswachsen, wusste, was mein Körper aushielt, und wusste, dass ich psychisch erst dann große Zweifel bekam, wenn ich damit rechnen musste, die Nacht unfreiwilligerweise in einer Felswand oder auf einem Eisgrat verbringen zu müssen. Meine Erfahrungen in den Bergen hatten mich gelehrt, dass ich da, wo andere apathisch und gleichgültig werden, noch immer Reserven mobilisieren und Energien entwickeln kann. Hier, auch das wusste ich, war ich manch älterem Kollegen überlegen.

Wie jung ich aber trotzdem noch war, zeigte sich in meinem Umgang mit den Experten. Ich hielt einige von ihnen für – gelinde ausgedrückt – ziemlich unsympathisch, was ich mir auch anmerken ließ. Allerdings nicht sehr lange. Ich erkannte bald, dass es so nicht ging. Aber mich zusammenzunehmen und meine Abneigung nicht zu zeigen, das schaffte ich vorerst nicht. Also entwickelte ich eine Technik, versuchte, bei jedem Einzelnen liebenswerte Seiten und persönliche Stärken zu orten. Und siehe da – ich wurde fündig!

Ich war 1991 die dritte patentierte Bergführerin der Schweiz. Darauf war ich stolz. Meine männlichen Kletterpartner allerdings hatten ihre Mühe. Kaum jemals hat mir einer von Herzen gratuliert zu dem, was ich erreicht hatte. Wenn sie etwas sagten, dann zum Beispiel: «Ach, Bergführer, das wollte ich auch mal werden. Ich hätte das auch geschafft, da bin ich mir sicher, aber dauernd unterwegs sein, in Hütten, unter stinkenden Wolldecken im Massenlager schlafen, wo Fußschweiß noch der angenehmste Duft ist – nein, das hätte ich nie gewollt, deshalb hab ich's sein lassen.«

Ausreden! Alles Ausreden. Entweder man macht etwas, oder man macht es nicht. Ein »Ich hätte gekonnt, wenn ich gewollt hätte« gibt es nicht. Es gibt nur ein »Ich will, also tu ich's« oder ein »Ich tu's, weil ich's will«.

Der Mann, der mich bei diesem Kurs am meisten beeindruckt hat, das war Bisi. Bisi, der eigentlich Ruedi Kaufmann heißt, war unser technischer Leiter und hatte in dieser Funktion den ganzen Kurs unter seinen Fittichen. Bisis Ruf ging ihm weit voraus, er galt als strenger Bewerter, als einer, mit dem gar nicht gut Kirschen essen ist.

Als ich ihn zum ersten Mal sah, wusste ich sofort, weshalb. Er war von großer Statur, hatte eine starke Ausstrahlung – er war der Chef, keine Frage. Und er hatte diesen Blick, der einen durchbohren konnte. Den benutzte er sehr diskret, was umso schlimmer war. Er drängte sich nie auf, er operierte im Stillen. Und sobald man glaubte, dass er einen im Visier hatte, war man derart verunsichert, dass man sich fragte: »Mach ich das jetzt richtig oder falsch?« Und genau da lag das Problem. Sobald man darüber nachdachte, ob man das Richtige tat, so war es schon das Falsche, denn Bisi wollte nicht, dass man sich nach seinen Vorstellungen richtete, sondern dass man einfach tat, was getan werden musste.

Ich schaffte es, seiner Kritik mit einer gewissen Lockerheit zu begegnen, bot ihm ab und zu sogar die Stirn, sagte auch mal Nein. Dadurch verlor ich die Angst vor ihm, allerdings nie den Respekt. Bisi beeindruckte mich mit seiner Ruhe, seiner Bedächtigkeit, seinem Wissen. Und mit seinem Gang. Es ist unglaublich, der Mann geht, als schwebe er. Dieser Eindruck verstärkt sich, sobald er einen Berg runterfedert – er schwebt, und dabei sieht es aus, als ob er ganz langsam sei, doch legt er ein Tempo vor, mit dem man kaum mithalten kann.

Bisi wusste seinen weichen Kern gut zu verbergen, er zeigte ihn erst an der Patentierungsfeier. Die Jungs aus meiner Gruppe baten mich, ihm die Holzschnitzerei, die wir für ihn hatten anfertigen lassen, zu übergeben. Ich trat auf ihn zu, küsste ihn links und rechts, schaute ihm in die Augen und sagte: »Bisi, am Anfang haben wir dich alle gefürchtet, aber inzwischen haben wir dich alle sehr gerne.« Wie ihn das rührte, konnte ich in seinen Augen sehen.

Ruedi Kaufmann, Bergführer

Evelyne war die zweite Frau im Kanton Bern, die Bergführerin werden wollte. Und gesamtschweizerisch vielleicht die dritte oder vierte, ich weiß das nicht mehr genau. Sie war noch sehr jung, war groß und stach auch dann noch als Frau hervor, wenn die ganze Gruppe auf einer kalten Tour in Goretex-Jacken gehüllt war und jeder wie ein Ei dem andern glich. Außer eben Evelyne.

Der Gedanke, sie könnte eventuell nicht bestehen, weil sie eine Frau ist, kam mir nie. Der Gedanke, sie könnte bestehen, nur weil sie eine Frau ist, aber auch nicht. Ich schätzte es, dass die Frauen begannen, diese Männerdomäne aufzubrechen, und ich respektierte, dass sie bereit waren, dafür ebenso viel zu leisten wie die Männer. Und das ist einiges. Heute, im Jahr 2002, zählen wir in der Schweiz 1368 Bergführer und siebzehn Bergführerinnen.

Evelyne wurde weder von uns Leitern noch von ihren Kollegen bevorzugt behandelt – das hätte sie erstens gar nicht gewollt, und zweitens musste das auch nicht sein. Sie konnte mithalten. Immer. Mit ihrer Körperkraft genauso wie mit ihrer Ausdauer. Und erst recht mit ihrem Tempo. Es war unglaublich, wie dynamisch sie ging. Technisch gehörte sie beim Klettern zu den Besten. Ihr Stil glich der einer Tigerin. Es war schön, ihr zuzusehen. Sie war sehr ehrgeizig. Und sie hatte einen eisernen Willen. Beides nicht in einem negativen Sinn.

Ihre Kollegen mochten sie, aber eine Chance, das war allen klar, hatte bei Evelyne keiner. Sie war damals – und daraus machte sie keinen Hehl – bis über beide Ohren verliebt. In einen Helipiloten. Ferdi hat er geheißen, glaube ich. Ja, genau, Ferdi. Erstaunlich, dass ich mich noch an diesen Namen erinnere. Mit Namen habe ich es ansonsten nicht so. Von den Bergführern, die ich als technischer Leiter der Bergführerausbildung während zwölf Jahren schulte, erinnere ich mich nur an die, die herausragten, und an die, die absolut nicht genügten.

Evelyne – und wohl auch andere, aber sie war es, die es mir einmal ins Gesicht gesagt hat – empfand mich als streng. Ich sehe das allerdings etwas anders. Ich war nicht streng, ich war gerecht. Oder versuchte es zumindest. Sympathie und Antipathie – das ließ ich in meine Beurteilungen nie einfließen. Obwohl ich dies – das gebe ich ehrlich zu – manchmal gern getan hätte. Oft hätte ich auch die Tatsache bewerten wollen, ob jemand ein guter, aufrichtiger, ehrlicher, gescheiter Mensch sei. Aber das ging natürlich nicht, also benotete ich das Können, bewertete die Führungseigenschaften, kommentierte positive Leistungen. Und auch die, die nicht so positiv waren.

Evelyne war mir von Anfang an sympathisch. Sie konnte herzlich lachen, und sie konnte motivieren, war kollegial und nie missgünstig oder neidisch. Ich muss dazu aber auch sagen, dass sie dafür keinen Grund hatte – wie gesagt, sie hielt immer mit.

Die Medien interessierten sich damals nicht für sie. Warum das Interesse so groß war, nachdem sie auf dem Mount Everest gestanden hatte, verstehe ich nicht ganz. Schließlich war sie ja nicht die erste Frau. Und ob jemand auf dem Mount Everest steht oder nicht, hat nichts mit der Fähigkeit zu tun, gut zu klettern, als vielmehr damit, ob sein Körper höhentauglich und sein Wille stark ist. Und wohl auch damit, ob jemand gescheit genug ist, Sauerstoff zu benutzen, um bei diesem Unterfangen nicht draufzugehen.

Ich habe mich über Evelynes Everest-Erfolg gefreut, allerdings nicht mehr und nicht weniger, als es mich gefreut hat, dass sie die Bergführerinnen-Prüfung bestand.

Nach der damals erfolgten Schlussprüfung musste einer der Kursteilnehmer – auch er hatte bestanden – völlig erschöpft hospitalisiert werden. Daran war einzig und allein Evelyne schuld. Wäre sie nicht im Kurs gewesen, hätte sich der junge Mann bestimmt nicht bis über seine Grenzen hinaus verausgabt. Und er wäre wahrscheinlich gescheitert, hätte er sich nur mit Männern messen müssen. Evelyne holte – ohne sich dessen auch nur im Ansatz bewusst zu sein – das Letzte aus ihm heraus. Männer leisten mehr, wenn Frauen sie herausfordern, das ist nicht nur im Alpinismus so, sondern auch in anderen Bereichen unseres Lebens.

Everest. Mount Everest. Diesen Namen gab ihm die königliche britische geografische Gesellschaft. Sie ehrte damit ihren »Surveyor General of India« Sir George Everest, den Sohn eines Londoner Rechtsanwalts. Der Vorschlag, den höchsten Berg der Welt nach ihm zu benennen, stammte von Andrew Waugh, Everests Nachfolger, der damit dessen Pionierleistung bei der kartografischen Erfassung Indiens würdigen wollte. Sir George war jedoch der Meinung, dass Berge ihre einheimischen Namen behalten sollten, und wandte sich gegen Waughs Vorschlag. Doch dieser setzte sich durch, und der Name Everest wurde, 1865, offiziell angenommen. Ein Jahr vor Sir George Everests Tod.

Es war Andrew Waugh, der 1856 eine erstaunlich präzise Messung von 8840 Metern gemacht und die Muttergöttin der Erde damit als höchsten Berg der Welt erkannt hatte. Erst in den Fünfzigerjahren gelang eine präzisere Messung, die um bloß acht Meter höher lag. Und dank neuester Technologien konnte am 5. Mai 1999 eine Messung von 8850 Metern gemacht werden.

Die Muttergöttin der Erde wurde von Männern vermessen und nach einem Mann benannt. Es waren Männer, Edmund Hillary und Sherpa Tensing, die die Erstbesteigung schafften. Und es waren Männer, Reinhold Messner und Peter Habeler, denen am 8. Mai 1978 die erste Besteigung ohne Sauerstoff gelang. Habeler hatte beim Abstieg mit einem verletzten Sprunggelenk zu kämpfen, Messner mit Schneeblindheit. Ein Mann, abermals Reinhold Messner, schaffte zwei Jahre später die erste Alleinbegehung, das heißt ohne Hilfe eines Sherpas und ohne Kletterpartner. Ebenfalls ohne Sauerstoff. Und zwar auf der Nordroute in Tibet, die bis in die Achtzigerjahre nur für Chinesen freigegeben war.

Es war ein Mann, der 1916 geborene Münchner Arzt Karl Maria Herrligkoffer, der den Mount Everest im Titel seines Buches als »Thron der Götter« bezeichnete. Dabei ist die Muttergöttin der Erde nicht nur für die Tibeter, sondern auch für die Nepalesen weiblich. Auf Nepalesisch heißt der Mount Everest »Sagarmatha«, was übersetzt »die Mutter des Universums« bedeutet.

Bei der männlichen Übermacht im Alpinismus, im Höhenalpinismus und in der Sportkletterei werden wir Frauen oft vergessen. Einige wenige aber sind in die Geschichte eingegangen, einige haben solche sogar geschrieben, auch am Mount Everest.

Die erste Frau auf dem höchsten Berg der Welt war Junko Tabeis, eine Japanerin. Sie stand im Mai 1975 auf dem Gipfel. Dreizehn Jahre später schaffte die Neuseeländerin Lydia Bradey als erste Frau den Aufstieg ohne Sauerstoff.

Am 13. Mai 1995 unternahm die Engländerin Alison Hargreaves die erste Alleinbegehung einer Frau. Ohne Sauerstoffflaschen. Sie wurde lediglich im Basislager unterstützt. Und zwar von Russell. Am Berg selbst, sie stieg von Norden her, war sie völlig autonom. Sie schleppte alles, Zelt, Kocher, Schlafsack, Nahrung, eigenhändig in die verschiedenen Lager. Alison war Mutter zweier Kinder und eine brillante Bergsteigerin. Mit ihren Erfolgen, unter anderem bestieg sie in nur einer Saison die damals sechs klassischen Nordwände der Alpen, Piz Badile, Große Zinne, Dru, Eiger, Grandes Jorasses und Matterhorn, verdiente sie das Geld für ihre Familie, während ihr Mann die Kinder betreute, sich um den Haushalt kümmerte und seine Frau zu immer noch spektakuläreren Leistungen antrieb. Als Alison 1994 ihr erster Versuch, ohne Sauerstoff auf den Mount Everest zu steigen, misslang, reagierte er unglaublich wütend. Diejenigen, die seinen Wutausbruch im Basislager miterlebten, bekamen eine Ahnung davon, wie unglücklich die Ehe wohl gewesen sein musste.

Nach ihrer erfolgreichen sauerstofflosen und selbstständigen Besteigung des Mount Everest im Mai 1995, die sie übrigens Russell widmete, reiste Alison bald schon ins Basislager des zweithöchsten

Berges, des K2, dessen Gipfel sie am 13. August 1995, auf den Tag genau drei Monate nach dem Mount Everest, erreichte.

Alison hatte eine fixe Idee. Sie wollte die erste Frau sein, die die drei höchsten Berge der Welt in ein und demselben Jahr besteigen würde: den Mount Everest, den K2 und den Kangchenjunga in Nepal, den bis dahin noch keine Frau erklommen hatte. Doch nachdem sie mit fünf anderen Bergsteigern erfolgreich auf dem K2 gestanden hatte, geschah das, was am K2 oft passiert. Strahlend schönes Wetter und kurz darauf Wolken und mit ihnen ein gewaltiger Sturm. Alison wurde beim Abstieg, zusammen mit ihren Kollegen, von den orkanartigen Winden vom Berg gefegt. Sie war damals 33 Jahre jung. Nach ihrem Tod ging eine große Kontroverse durch die Medien. Man fragte sich: Darf eine Mutter so etwas tun? Darf eine Frau, die zu Hause kleine Kinder hat, solche Gefahren eingehen? Interessant ist, dass man sich das bei Männern, die ähnliche oder dieselben Gefahren eingehen und die zu Hause ebenfalls kleine Kinder haben, nie fragt.

Das Leben Alisons ist eindrücklich nachzulesen im Buch »Die Gipfelstürmerin« von David Rose und Ed Douglas. Eine Passage, die mir besonders gefällt, spielt am Mount Everest: »Alison schulterte ihre an die achtzehn Kilo schwere Last und trug sie mit verbissener Entschlossenheit über die letzten knapp zweihundert Meter zum Lager zwei. Ein derartiges Bravourstück reizte die Männer, an denen sie vorbeizog, während diese sich den Berg an Fixseilen emporhangelten, die Alison nicht nötig hatte. Die Sherpas andererseits erkannten ihre Kraft und scherzten. ›*Didi!* Schwester! Du starker Mann sein!‹ Die Achtung dieser Männer, die mehr Gefahren eingingen und besser kletterten als die meisten westlichen Bergsteiger, berührte sie zutiefst.«

Frauen, die Leistungen erbringen, die bisher Männern vorbehalten waren, provozieren. Das war schon so, als Frauen begannen, die drei K – Kinder, Küche, Kirche – um ein viertes – Klettern – zu erweitern. Geht man in der Geschichte zurück, so erfährt man, dass die Frauen aber nicht nur mit immensen Vorurteilen zu kämpfen hatten, sondern auch mit ihren Röcken.

Die ersten Bergsteigerinnen hüllten sich, Ende des 19. Jahrhunderts, noch züchtig in Korsett und Krinoline (Reifrock), trugen bis zum Hals zugeknöpfte, langärmlige Blusen und schützten ihren blassen Teint mit einem Schleier.

Die Baronin Felicitas von Reznicek, 1904 in Berlin geboren, war Bergsteigerin und Schriftstellerin und schrieb 1967 den Bergsteigerinnen-Klassiker »Von der Krinoline zum sechsten Grad«. Die Bezeichnung sechster Grad gehört zur Sportkletterei und bedeutete damals auf einer Skala, die heute beim elften Grad endet, eine große Herausforderung.

Felicitas von Reznicek erzählt in ihrem Buch unter anderem auch von ihrer Namensvetterin, der Italienerin Félicité Carrel, die 1867 als erste Frau auf das Matterhorn wollte, jedoch scheiterte. Schuld daran, schreibt die Baronin, sei Félicités Reifrock gewesen, der sich im Sturm in einen Fallschirm zu verwandeln drohte, weshalb das junge Mädchen die Tour habe abbrechen müssen.

Walter Schmid, der Autor von »Menschen am Matterhorn«, nennt in seinem Buch noch einen andern Grund. Er ist sich sicher, dass der Öffentlichkeit die Sensation der ersten Frau auf dem Matterhorn vor allem durch den Ehrgeiz der beiden italienischen Führer verwehrt wurde. Diese wollten keinen »Umweg über die Schweiz« machen und wählten deshalb die ungleich schwierigere Route auf italienischem Boden. Der Ort, an dem Félicité auf die Rückkehr der Patrioten wartete, wird seither nach ihr benannt: Col Félicité. Immerhin das.

Auch die Erstbesteigerin des Matterhorns, die Engländerin Lucy Walker, kämpfte mit ihrer Krinoline. Laut Felicitas von Reznicek zog Lucy vor dem Gipfel ihren Reifrock kurzerhand aus, deponierte ihn hinter einem Felsen und kletterte die letzten Meter im Flanellunterrock. Für diese Zeit ein äußerst mutiges Unterfangen. Walker legte in Gesprächen denn auch immer Wert darauf, stets im Rock unterwegs gewesen zu sein, und sie betonte, die größte Schwierigkeit habe darin bestanden, diesen vor ihrer Rückkehr ins Dorf jeweils wieder in eine einigermaßen präsentable Form zu bringen.

Die frühen Bergsteigerinnen des 19. Jahrhunderts wollten sich trotz der gesellschaftlichen Zwänge in ihrer Bewegungsfreiheit nicht allzu sehr einengen lassen. Es ist bezeichnend, dass sie unverheiratet und kinderlos blieben. Erst die Deutsche Eleonore Noll-Hasenclever, 1880 geboren, bewies, dass eine Ehefrau keine Leibeigene ist, sondern sich trotz Ehering frei bewegen kann. Auch als sie Mutter einer Tochter wurde, gab es für sie keinen Grund, auf ihre Passion zu verzichten. Noll-Hasenclever galt zu ihrer Zeit als beste Alpinistin und trug auf ihren Touren weder Rock noch Korsett, sondern Knickerbockerhosen, Pullover und Tirolerhut.

Sie war neunzehn, als sie zu klettern begann. Ihr Förderer war Alexander Burgener, einer der großen Walliser Bergführer. Mit ihm zusammen bestieg sie 21 Viertausender. Burgener war von Eleonores Fähigkeiten so begeistert, dass er sie oft als zweite Führerin engagierte und ihr 1909, ein Jahr vor seinem Tod – er kam an den Berglifelsen ob Grindelwald in eine Lawine –, sein Führerabzeichen schenkte.

Andere Männer waren nicht so großherzig. Als Noll-Hasenclever 1913 mit der Basler Ärztin Helene Sorin als Frauenseilschaft, also gänzlich ohne männliche Führung, im Gebirge unterwegs war, fanden die beiden eines Morgens ihre Seile zerschnitten vor.

1929 erkletterten zwei Damen, die Amerikanerin Miriam O'Brian und die Französin Alice Dameseme, den Gipfel des Grépon im Montblanc-Massiv. Ohne männliche Hilfe. Ein gewisser Etienne

Bruhl verstieg sich danach in folgende Worte: »Der Grépon ist verschwunden, da stehen zwar noch ein paar Felsen, aber nachdem er von zwei Frauen allein bestiegen wurde, kann ein Mann, der etwas auf sich hält, dort nicht mehr hinauf. Schade, es war eine sehr gute Klettertour.«

Die Metamorphose von der braven Tochter oder der angepassten Ehefrau zur willensstarken Alpinistin, die ihren Rucksack selbst trägt, mit Pickel, Steigeisen und vor allem ohne männliche Hilfe durch Fels und Firn steigt, war ein direkter Angriff gegen den Alpinismus jener Zeit, der seit seinen Anfängen eng mit Männlichkeit und so genannten männlichen Eigenschaften wie Mut, Entschlusskraft und physischer Stärke in Verbindung gebracht wurde.

Noll-Hasenclever hielt in Deutschland und Österreich diverse Vorträge, in denen sie die Ansicht vertrat, dass Frauen den Männern im Bergsteigen in nichts nachstehen müssten. Sie versuchte, ihre Zuhörerinnen für den Bergsport zu begeistern. Sie wusste, kletternde Frauen kehrten von ihren Touren freier und selbstbewusster zurück, hatten bald keinen blassen Teint mehr, sondern eine sonnengebräunte Haut. Eleonore Noll-Hasenclever starb 45-jährig in einem Schneebrett am Weißhorn.

Eine bereits sehr emanzipierte Frau, für die Gleichberechtigung und Unabhängigkeit wichtig waren, war die 1908 geborene Genferin Loulou Boulaz, die als erste große Schweizer Alpinistin in die Geschichte einging.

Die nur gerade einsdreiundfünfzig große Frau galt in den Dreißiger- und Vierzigerjahren als »Grande Dame« des Alpinismus und hatte als solche beachtliche Mühe, Männer zu finden, die mit ihr klettern wollten. 1935 beging sie als erste Frau die Südwestwand des Dent du Géant, durchstieg zwei Jahre später, zusammen mit Raymond Lambert, als zweite Seilschaft überhaupt, die Nordwand der Grandes Jorasses.

Für das Jahr 1937 hatte sie sich, zusammen mit ihrem späteren Lebenspartner Pierre Bonnant, ein großes Ziel gesteckt: die Eigernordwand. Bis dahin war es noch niemandem geglückt, diese zu durchsteigen. Boulaz und Bonnant waren im Juli 1937 die ersten Schweizer in der Wand. Leider mussten sie ihren Versuch auf 2700 Metern wegen schlechten Wetters abbrechen. Etwas, das Loulou Boulaz in einem Artikel im »Sport« von Herzen gewünscht worden war. Othmar Gurtner schrieb damals: »Gemach, Fräulein Boulaz! Der Eiger ist stärker als Sie. Sie schaden ihrer sportlichen Karriere und schädigen den Ruf der Schweizer Bergsteiger, unter die Sie kraft Ihrer schönen und bisher glücklichen Leistungen zu zählen die Ehre haben. Hoffentlich rettet Sie schlechtes Wetter vor dem Verderben, das Ihnen fast sicher ist, wenn Sie in die Eigerwand mit dem Willen einsteigen, den unmittelbaren Durchstieg zu forcieren.«

Für Loulou lag der Reiz des Kletterns in der Herausforderung und im Risiko. Auf die Frage nach ihrem Antrieb sagte sie einmal: »Das Unbekannte zieht mich an, das Abenteuer. Die Freude daran, einen Zugang zu einer für unmöglich gehaltenen Wand, zu einem besonders widerspenstigen Berg zu finden. Wettbewerb gehört zu allem, was der Mensch unternimmt.«

1959 wollte sie hoch hinaus und schloss sich der ersten Frauenexpedition in den Himalaja an, deren Wunsch es war, auf den Achttausender Cho Oyu zu steigen. Ein Ödem zwang sie jedoch, im Basislager zu bleiben, was ihr höchstwahrscheinlich das Leben rettete, denn zwei Kolleginnen und drei Sherpas fanden bei einem Lawinenniedergang in einem der oberen Lager den Tod. Sie starb 1991 mit 83 Jahren. Ihr Wunsch, die Eigernordwand zu durchsteigen, ging nie in Erfüllung, obwohl sie es 1962 abermals versucht hatte.

Dass Bergsteigerinnen auch heute noch einen schweren Stand haben, zeigt die Geschichte, die mir Lieni Roffler, ein Bergführerkollege, kürzlich erzählte: Zwei seiner Kolleginnen wollten eine hochalpine Tour machen. Sie verbrachten die Nacht in einer Berghütte, um am nächsten Tag früh losgehen zu können. Als sie sich am folgenden Morgen auf den Weg machen wollten, konnten sie ihre Pickel nirgends finden. Der Hüttenwart hatte sie versteckt. Als die Frauen ihn nach dem Grund fragten, meinte er, dass sie es alleine nicht schaffen würden, er bestehe darauf, dass sie einen Begleiter mitnähmen. Nach langem Hin und Her bekamen die Bergsteigerinnen ihr Eigentum zurück. Sie machten die Tour – und kehrten heil wieder nach Hause zurück.

Auch ich musste mich für meine Sache stark machen. Als ich vom Mount Everest zurückkehrte, bekam ich von der »Szene« nicht nur Komplimente. Dafür, dass ich bei meinem Gipfelversuch Sauerstoff verwendet hatte, wurde ich von einigen Bergsteigerkollegen kritisiert. Meine Leistung, sagten sie mir, sei keine, weil ich Sauerstoff benutzt hatte. Ich entschied mich jedoch sehr bewusst für künstlichen Sauerstoff, denn die Chance, als erste Schweizer Frau auf dem Dach der Welt zu stehen, wollte ich nicht meinem Ehrgeiz opfern, gleich auch noch die Vierte zu sein, die ohne Sauerstoff auf den Mount Everest steigt. Wer Sauerstoff atmet, simuliert – je nach Durchfluss – eine um 1000 bis 1500 Meter geringere Höhe. Die Gegner von Sauerstoff behaupten, der Mount Everest mit Sauerstoff sei nicht härter zu ersteigen als ein 6000 Meter hoher Berg. Was so nicht stimmt, da Sauerstoff erst ab 8000 Metern zum Einsatz kommt, um genau zu sein, ab 7900 Metern.

In Bergsteigerkreisen spricht man je länger, desto mehr, von »Clean Climbing« oder Klettern »by fair means«, beides meint Klettern ohne technische Hilfsmittel. Ein konsequentes Klettern ohne technische Hilfsmittel heißt für mich aber nicht nur, auf Sauerstoff zu verzichten, sondern auch auf die Sherpas. Ohne Sauerstoff nach oben zu kommen, heißt noch lange nicht, auf die Hilfe der Sherpas verzichtet zu haben.

Der Mount Everest ist ein Berg der Statistiken. Es wird genau festgehalten, wie viele Menschen ohne Sauerstoff den Gipfel erreichten. Zwischen dem 29. Mai 1953 und dem 24. Mai 2001 waren von den 1112 Bergsteigern, die in dieser Zeit oben standen, 82 ohne Sauerstoff unterwegs, sieben von ihnen sind auf dem Abstieg gestorben. Von den 73 Bergsteigerinnen, die auf dem Dach der Welt standen, verzichteten drei auf Sauerstoff.

Insgesamt verloren in dieser Zeit 171 Menschen ihr Leben am höchsten Berg der Welt. Die Ursachen reichen von Erschöpfung über Hirnödeme, Herzanfälle, Erfrierungen, Steinschläge bis hin zu den beiden häufigsten Todesursachen, Lawinen und Stürze. Die meisten Verluste beklagen – mit 55 Toten – die Sherpas.

Diese Zahlen liefert das Buch »Everest. 80 Jahre Triumphe und Tragödien« von Peter Gillman. Ein Meisterwerk, in dem neben ausführlichen Statistiken und sämtlichen Namen aller Everest-Ersteiger auch viel Geschichtliches und Philosophisches enthalten ist. Darüber hinaus wird die Sauerstoffkontroverse beleuchtet, die bereits die Pioniere der Zwanzigerjahre spaltete.

Für mich ist der Gebrauch von Sauerstoff keine Frage der Ethik, sondern eine Frage der Achtung vor dem Leben, der Gesundheit meines Körpers. Ich wollte gesund, ohne Erfrierungen, mit allen Fingern und Zehen und möglichst ohne geschädigte Hirnzellen vom Mount Everest zurückkehren.

Das gelang mir allerdings nicht ganz. Ich trug zwar keine Erfrierungen davon, mein Kurzzeitgedächtnis aber hat gelitten. Als ich wieder zu Hause war, vergaß ich Termine, konnte mich an Dinge, die mir Leute erzählten, nicht erinnern und hatte Mühe, die Tastatur meines Computers zu bedienen.

Als ich Russell kurz nach unserer Rückkehr in Chamonix besuchte, klagte ich ihm über meine Ausfälle, und er sagte mir, dass er das kenne. Er habe schon seit längerem ein schlechtes Kurzzeitgedächtnis, könne sich an wesentliche Dinge, die ihm erzählt würden, nicht mehr erinnern und müsse deshalb alles aufschreiben. Aus diesem Grund steige er nur noch in Notfällen über 7000 Meter auf.

Trotz allem kam mir die Idee, es doch noch ohne künstlichen Sauerstoff zu versuchen. Nicht weil ich mir – oder jemand anderem – etwas beweisen wollte, sondern weil ich zurückkehren wollte. Zurück an den Berg, zurück zu den Menschen, die dort leben.

Ich hatte Heimweh. Heimweh nach dem intensiven Gefühl des Lebens im Hier und Jetzt, das ich – wieder zu Hause – so sehr vermisste. Ich sehnte mich nach den Yak-Männern, die die wunderbare Fähigkeit besitzen, in einer kleinen Gruppe von Gleichgesinnten das Bestmögliche zu geben, und die – ganz ohne materiellen Reichtum – glücklich sind.

Mein Verlangen zurückzugehen resultierte aus den Gegensätzen, in die ich zu Hause plumpste. Am Fuße des Mount Everest fand ich Isolation und Einsamkeit – zurück in der Schweiz wurde ich mit Öffentlichkeit und Aufmerksamkeit regelrecht überschüttet. Das Medieninteresse überrollte mich wie eine Lawine. Ich hatte zwar damit gerechnet, aber nie in diesem Ausmaß.

Sich darüber zu beklagen, wäre nicht richtig, schließlich rechnete ich damit – habe es sogar genossen. Aber nachdem ich mich im Schoße des Mount Everest so winzig gefühlt hatte wie ein Vogelschiss im Weltall, nachdem ich dort die Demut vor der Schöpfung so stark empfunden hatte wie nie zuvor und nachdem mein Erfolg, auf dem Gipfel zu stehen, so eindeutig zweitrangig geworden war, musste ich mich in diesem ganzen Getümmel erst wieder zurechtfinden. Die Idee, nochmals zurückzugehen, hat mich in dieser Zeit über Wasser gehalten. Dann, nach einem halben Jahr, fand ich meine Fähigkeit wieder, auch zu Hause mit der Natur zu verschmelzen, und ich konnte den Wunsch nach einem sauerstofflosen Aufstieg loslassen. Heute weiß ich, ich muss andere Wege gehen.

Endlich brechen wir ins ABC auf, das Advanced Base Camp, das vorgeschobene Basislager. Es befindet sich auf 6400 Metern. 67 Yaks werden beladen. Mit Zelten, Schlafsäcken, Nahrungsmitteln, Seilen und Kommunikationsmaterial. Die 1200 Höhenmeter bedeuten für uns einen 22 Kilometer langen Weg. Wir haben dafür zwei Tage vorgesehen. Auf 5800 Metern übernachten wir im Intermediate Camp, auf einer Seitenmoräne, wo die Sherpas, die vor uns aufgestiegen sind, bereits ein großes Zelt aufgestellt haben. Santschin – der Bruder von Karsang und der Onkel von Tsangbu, dem kleinen großen Wasserträger – hat für uns bereits Schmelzwasser gekocht, damit wir trinken können.

Ich bin müde, dränge mich mit den andern in das eine große Zelt. Wir kochen Nudelsuppe, stellen fest, dass sie stark nach Yakmist schmeckt. Wir essen sie trotzdem. Ich habe Hunger – ein gutes Zeichen.

Mein Husten hat sich beruhigt, der Durchfall ist weg. Keine Kopfschmerzen. Mein Körper scheint mit der Höhe klarzukommen. Nach dem Essen lege ich mich schlafen. Rechts von mir liegt Asmus, links Russell, ich fühle mich wie eine Sardine in der Büchse. Sardinen in Büchsen, das weiß ich seit dieser Nacht, schlafen schlecht. Am nächsten Morgen bin ich noch immer müde. Robert hat offensichtlich gut geschlafen, klagt jedoch über Kopfschmerzen.

Nach einer heißen Tasse Tee brechen wir auf. Viel zusammenpacken müssen wir nicht. Das Intermediate Camp bleibt weiterhin bestehen. Santschin wird es die nächsten Wochen, in denen wir zwischen Basislager und ABC hin- und herpendeln, betreuen. Er wird viel Zeit haben hier oben und diese – das werde ich später erfahren – zum Meditieren nutzen und dazu, seiner Frau ein Geschenk anzufertigen. Yakfell-Schuhe.

Santschin beeindruckt mich. Genau wie sein Bruder und sein Neffe strahlt er eine tiefe Zufriedenheit und eine innere Ruhe aus.

Als ich mich von ihm verabschiede, spüre ich, dass er und mit ihm das Intermediate Camp für mich ein Ort der Kraft ist. Ein Ort der Energie. Ich werde – das weiß ich schon jetzt – immer wieder bei Santschin vorbeischauen, um Tee mit ihm zu trinken und um Ruhe zu finden.

Kaum sind wir unterwegs, kommt Wind auf. Und dann Schneetreiben. Schnee überall. Die Sicht ist schlecht. Die Luft ist dünn, ich keuche den Berg hinauf und spüre, dass meine Akklimatisation erst begonnen hat.

Als wir nach vier Stunden endlich im ABC ankommen, hat sich der Schneesturm etwas gelegt und gibt den Blick frei auf den Mount Everest. Ich staune ihn an. Er ist in seiner Wildheit, seiner Größe, im weichen Licht der Sonne, das kurz auf sein Haupt fällt, von göttlicher Schönheit. Als ich mich von seinem Anblick losreißen kann, sehe ich das, was nah ist. Den Rongbuk-Gletscher. Riesig. Türme, Nadeln, Zähne, Zungen aus weißem, blauem, manchmal auch fast durchsichtigem Eis. Seine Härte wird durch seine fließenden, oft runden Formen aufs Wunderbarste gebrochen, an manchen Stellen wirkt es so weich wie Schaum.

Das ABC befindet sich auf dem östlichen Rongbuk-Gletscher auf einer der Seitenmoränen. Eine kleine Zeltstadt. Viel Betrieb. Fünfzehn Expeditionen. Darunter eine aus Frankreich mit Claire Bernier Roche, die mit ihrem Mann Bertrand unterwegs ist. Die beiden planen, nach der Gipfelbesteigung nicht hinunterzusteigen, sondern hinunterzufliegen. Mit ihrem Tandem-Gleitschirm. Sie wären die Ersten, die es schaffen würden. Der Berg feiert jedes Jahr Premieren.

In unserem Team befindet sich der Franzose Marco Siffredi, der als erster Mensch eine Abfahrt auf dem Snowboard wagen will. Er hat Konkurrenz. Der Österreicher Stefan Gatt, ein Expeditionsleiter, hat dasselbe Ziel. Dass dies machbar ist, zeigte ihnen der Südtiroler Hans Kammerlander, der am 23. Mai 1996 nach einem äußerst schnellen Aufstieg von bloß siebzehn Stunden auf seinen Skiern den Berg hinunterfuhr.

Im ABC habe ich alle Annehmlichkeiten wie im Basislager. Mein eigenes Zelt, sauberes Wasser, Satellitentelefon, ein Esszelt und Ram, einen Sherpa, der für uns kocht. Er macht das gut, aber leider nicht ganz so gut wie unser Basislager-Schlitzohr-Chefkoch Latschu.

Ich verbringe viel Zeit in meinem Zelt. Eingewickelt in Daunenhose, Daunenjacke und Daunenschlafsack. Ich lese, schreibe Tagebuch. Manchmal liege ich einfach nur da und höre Musik oder lausche den Tönen vor meinem Zelt. Höre, wie die Sherpas sich unterhalten, ihre Gebete leiern, höre dem Wind zu, der übers Zelt fegt. Mit meinen Gedanken bin ich dann oft bei Sandro, meinem Lebenspartner, und ich wünsche mir, er könnte demselben Wind lauschen.

Denken und Zuhören ist einfacher als Lesen und Schreiben, da die Hand, die das Buch oder den Stift hält, schnell kalt wird. Immer wieder muss ich die Hände wechseln und im warmen Schlafsack aufwärmen. Ein beständiges Hin und Her, aber immerhin die Lösung des Problems. Für ein anderes habe ich noch keine geeignete gefunden. Aus der Wärme raushuschen, um in der Kälte draußen pinkeln zu gehen – da hilft kein Erfindergeist –, das muss ich einfach. Ich zögere es aber immer so lange wie möglich hinaus, um noch ein, zwei Minuten länger im Warmen bleiben zu können. In der Nacht kann ich das nicht. Meldet sich die Blase, muss ich schnell raus, um möglichst schnell wieder in den Schlafsack zu kommen. Wieder einzuschlafen, ist jedes Mal ein Problem. Das hat nicht nur mit der Höhe zu tun, sondern auch damit, dass ich mich hier nicht bis an meine Leistungsgrenze verausgaben kann, da ich meinem Körper – zur guten Akklimatisation – Ruhepausen gönnen muss. Und das bin ich nicht gewohnt. Ist mein Körper nicht gewohnt.

Ich liebe es, auf Hochtouren zu laufen, körperlich das Letzte zu geben, das Blut in jeder einzelnen Faser meines Körpers pochen zu spüren, zu glühen. Nicht zuletzt deshalb, weil ich dann – in der Nacht darauf – wunderbar tief schlafen kann. Meine Arbeit als Flughelferin, die ich parallel zu meiner Bergführerausbildung ausübte, war für mich in dieser Hinsicht ideal. Während des Tages schuftete ich. Wie ein Teufel. Und in der Nacht schlief ich. Wie ein Engel.

Die Idee, Flughelferin zu werden, kam mir am 19. Oktober 1986. Daran erinnere ich mich so genau, weil ich damals von einem Helikopter abgeholt worden war. Zusammen mit einem Kollegen, mit dem ich eine eisig kalte Nacht in dreißig Zentimeter Neuschnee verbracht hatte. Das Wetter hatte – unerwartet – umgeschlagen. Ein Umstand, mit dem ich hätte rechnen müssen, aber ich war damals eine junge Alpinistin, die über nur knapp zwei Jahre Erfahrung in den Bergen verfügte. Ich war sorglos wie ein junges Küken in seinem warmen Nest. Ich hatte noch nicht mal meinen Biwaksack dabei, geschweige denn eine warme Jacke, da ich mit einem leichten Rucksack schneller klettern konnte.

Es war noch Nacht, als mein Kollege und ich aufbrachen. Als die Sonne aufging, versprach sie einen einzigartig schönen Tag. Bald war der Fels warm und griffig.

Kurz nach Mittag sahen wir die Schlechtwetterfront, waren aber von unserer Schnelligkeit am Berg so überzeugt, dass wir – arroganterweise – dachten, wir wären über alle Gipfel, auf und davon, wenn das schlechte Wetter hereinbrechen würde.

Doch der Wind kam schneller als erwartet, bald stürmte es, dann begann es zu regnen, schließlich schneite es in dicken Flocken. Ein Zurück war zu diesem Zeitpunkt nicht mehr möglich. Unser Weg ins Tal führte über den Gipfel. Inzwischen war es aber auch unmöglich geworden weiterzusteigen. Wir waren gefangen. Im Hier und Jetzt. Innert Minuten stürzte die Temperatur in sich zusammen wie ein zu früh aus der Hitze genommenes Käsesoufflé. Ich begann, erbärmlich zu frieren. Es war mein Glück, dass mein Kletterpartner an einen Biwaksack gedacht hatte und gewillt war, diesen mit Hilfe seines Sackmessers auseinander zu schneiden, damit wir beide Schutz fanden.

Bald war es rabenschwarze Nacht, sogar der fallende Schnee schien grau. Ich machte kein Auge zu. Mit meiner dünnen Kletterhose und dem Fleecepullover fror ich so sehr, dass meine Zähne die ganze Nacht über klapperten. Noch Tage danach schmerzten meine Zahnwurzeln. Ich konnte mich nur von Jogurt ernähren.

Am Morgen bedeckten uns dreißig Zentimeter Neuschnee, allmählich verzogen sich die Wolken, was blieb, waren Kälte und Nässe. Und die Tatsache, dass es noch immer zu gefährlich war weiterzusteigen. Aber darauf konnten wir jetzt keine Rücksicht nehmen, wir mussten die letzten Seillängen im siebten Schwierigkeitsgrad über den Gipfel klettern, um wieder hinunterzukommen.

Der Fels war rutschig, unsere Knochen waren durchgefroren, alles war nass. Nasse Seile sind mitunter das Perfideste, was einem Kletterer passieren kann. Sie quellen nicht nur auf und werden dadurch unhandlich dick, sie kringeln, bleiben an jedem noch so kleinen Felsvorsprung kleben und sind so schwer wie frisch angemachter Zement. Wenn man sich an ihnen abseilt, dann tropft einem das Wasser über die Beine, in die Ärmel, überallhin.

Konzentriert darauf, alles richtig einzuhängen und das Seil, so gut es irgend ging, zu führen, kamen wir nur langsam voran. Plötzlich vernahm ich laute Rotorengeräusche. Ich schaute zu dem Helikopter auf und war erstaunt, dass er nicht über uns hinwegflog, sondern über uns schwebte. Auf die Idee, er wolle uns retten, wäre ich nicht gekommen. Nicht im ersten Moment. Ich zeigte also mit dem Daumen nach oben – bedeutete dem Piloten, es sei alles in Ordnung, worauf dieser weiterflog. Später, als mir bewusst wurde, dass meine Eltern sich Sorgen gemacht und die Rega alarmiert haben könnten, hätte ich mich für dieses Okay-Zeichen ohrfeigen können.

Nachträglich erfuhr ich, dass der Heli nicht nur uns, sondern auch noch andere Bergsteiger suchte und uns an Ort und Stelle ließ, weil es offensichtlich war, dass wir selbst zurechtkamen, und weil ein zweiter Heli unterwegs war, der uns später aufnehmen konnte.

Dieser kam, als wir am Wandfuß angekommen waren, nahm uns auf und flog uns hinunter ins Tal. Zu diesem Zeitpunkt war ich so durchfroren und erschöpft, dass ich mich nicht einmal wunderte, dass meine Eltern unten auf mich warteten. Es war selbstverständlich, war das Normalste auf der Welt. Sie nahmen mich in die Arme. Sie. Nicht nur meine Mutter. Auch mein Vater. Seine Umarmung durchflutete mich mit einer Wärme, die ich mein Leben lang nicht vergessen werde. Seine Umarmung drückte all das aus, was er bis dahin nicht zu zeigen, geschweige denn zu sagen vermocht hatte. Diese Sekunden an seiner Schulter entschädigten mich für mehr – für sehr viel mehr – als die paar Stunden in der Kälte. Sie bedeuteten Heimkommen. Ankommen. Mit dieser Umarmung sagte mir mein Vater mehr, als wenn er tausend Worte aneinander gereiht hätte. Ich verstand.

Wieder zu Hause, ging mir der Flug mit dem Helikopter nicht mehr aus dem Kopf. Trotz der widrigen Umstände hatte ich ihn genossen. Ich begann, mich für die Fliegerei zu interessieren. Pilotin werden, so glaubte ich, würde ich nie können, also schaute ich mich nach anderen Jobs rund ums Helifliegen um. Und fand einen: Flughelferin.

Damals gab es noch keine Flughelferinnen. Dieser Beruf war und ist noch immer männlich besetzt. Als ich mich im Frühling 1987 bei einer Firma erkundigte, ob sie für mich einen Job hätten, sagte mir der Chef, er müsse zuerst den Piloten fragen, ob dieser gewillt sei, mit einer Frau zu arbeiten. Er war! Doch als ich erfuhr, dass ich für eine Anstellung einen Vertrag hätte unterzeichnen müssen, lehnte ich ab.

Ich wollte den Sommer nicht vertraglich geregelt verbringen, sondern kletternd in den Bergen. Ich wollte Erfahrungen sammeln für mein großes Ziel, die Bergführerin. Ich setzte alles daran, die Ausbildung erfolgreich abzuschließen. Also vergaß ich die Flughelferin wieder und jobbte erst bei einem Flachmaler, dann bei einem Fassadenbauer und schließlich bei einem Dachdecker. Die Arbeit als Dachdeckerin gefiel mir am besten. Nägel einschlagen, sich geschmeidig wie eine Katze hoch oben in der Luft auf kleinen Balken bewegen, anpacken, draußen sein, all das gefiel mir. Die Gelegenheitsjobs hielten mich finanziell jedoch nicht auf Dauer über Wasser. Im Herbst wurde mir klar, dass es jetzt an der Zeit war, geregelt und vor allem kontinuierlich Geld zu verdienen.

Und da meldete sie sich wieder, die Idee, Flughelferin zu werden. Ich wusste, dass eine Helikopterfirma in Engelberg Fundamente für den Jochpasslift betonierte, und ich entschloss mich kurzerhand, mein nächstes Lauftraining auf den Jochpass zu machen.

Ich hörte den Heli schon von weitem. Als ich am Arbeitsplatz ankam, schaltete ich eine Pause ein, plauderte mit den Männern und packte gleich mit an. Der Chef schaute mir zu, nahm mich dann zur Seite und sagte, er habe vor zwei Wochen bei einem Arbeitsunfall einen Arbeiter verloren und benötige dringend einen Ersatz, fragte, ob ich Interesse hätte. Ich hatte. Der Gedanke, für einen Toten einzuspringen, war mir allerdings etwas unangenehm.

Ein paar Tage später arbeitete ich bereits. Nicht beim Jochpasslift, sondern im Sturmholz. Als ich im Helikopter zu meinem neuen Arbeitsplatz geflogen wurde, empfand ich nicht nur Freude, es machten sich auch Bedenken breit: Ich war gerade mal zwanzig, war die einzige Frau in der Crew, hatte von der Materie keinen blassen Schimmer, bewegte mich auf einem neuen Terrain. Zum ersten Mal hatte ich Zweifel, ob das gut gehen würde.

Das Gelände war steil, unwegsam, sumpfig. Die Bäume lagen kreuz und quer auf dem Boden oder ragten, in der Mitte geknickt, hoch in die Luft. Ich betrat ein kaum beschreibbares Durcheinander von Ästen, Wurzelstöcken, aufgeworfener Erde und zusammengeschmettertem oder zerborstenem Holz. Ich atmete ein paar Mal tief durch – es roch wunderbar – und ließ mir dann von den Männern erklären, was ich zu tun hatte.

Damit die zum Teil sehr dicken und sehr langen Baumstämme als möglichst kompaktes Paket an den Helikopter gehängt werden konnten, mussten sie mit einer Motorsäge von Ästen und Wurzelstöcken befreit und zerkleinert werden. Dann wurden sie mit einer Struppe, einem speziell für die Helifliegerei entwickelten Drahtseil, zu Lasten zusammengebunden. Die Last, so sagte man mir, müsse zwischen 900 und 950 Kilo wiegen, dürfe nicht zu sperrig sein und unterwegs nicht verloren gehen. Bei einer zu leichten Last würde die Firma zu viel Geld verlieren, da die Preise pro Kubikmeter abgerechnet werden. Eine zu schwere Last könnte der Pilot nicht anheben, sie würde, im schlimmsten Fall, den Heli gar zu Boden reißen.

Grünes, junges Holz ist schwerer als altes und trockenes. Nasses Holz aber ist am schwersten. Eine Rottanne wiegt pro Kubikmeter circa 850 Kilo, von dünnen Stämmen muss man mehr zusammenbinden als von dicken. Ich musste lernen, Gewichte zu schätzen.

Am Hubschrauber war ein fünfzig Meter langes Seil befestigt, an dessen Ende eine schwere Klinke baumelte. Der Pilot fädelte dieses Seil gekonnt zwischen den noch stehenden Bäumen ein, damit wir die Klinke ergreifen und die Last anhängen konnten. War dies geschehen, galt es, möglichst schnell aus der Gefahrenzone zu rennen und dem Piloten per Funk ein »Auf« zu melden.

Ich schaute erst ein wenig zu und begann dann zu arbeiten. Das Holz lag meterdick übereinander, ein paar Mal trat ich zwischen den Ästen ins Leere, klemmte mir den Fuß ein oder knickte ihn.

Die Gefahren lauerten überall. Kam ein Stamm in Bewegung, während ich ihn abwurzelte oder abastete, entstand daraus eine regelrechte Kettenreaktion. Gefährliches Mikado.

Anfänglich fühlte ich mich überfordert, aber bald bewegte ich mich sicherer zwischen den Ästen, konnte die Stämme und deren

Lage »lesen«, wusste, auf welche meiner Aktionen eine Reaktion folgte und welche Reaktionen zu weiteren Aktionen meinerseits führen mussten. Die Arbeit faszinierte mich, sie forderte nicht nur Kraft und ein gutes Auge, sie wurde für mich bald schon zu einem komplexen Spiel mit der Natur.

Monate später war ich absolut trittsicher geworden. Nicht nur im Holz, sondern auch bei der Koordination der verschiedenen Arbeitsabläufe. Das war auch meinem Chef aufgefallen, und er übergab mir die Einsatzleitung für den Flugbetrieb im Feld. Dies erstaunte mich sehr, denn bisher war ich davon überzeugt gewesen, eine schlechte Organisatorin zu sein. Doch bald merkte ich, dass das, was ich bis anhin als meine Schwäche eingestuft hatte, in Wirklichkeit meine Stärke war.

Ich entschied, wo wir mit den Arbeiten begannen und wie wir das Holz ausflogen. Später koordinierte ich die Arbeitsabläufe, als wir Skiliftmasten montierten und Telefonleitungen erneuerten und zu verschiedenen Gebirgsbaustellen Materialien wie Eisenstäbe, Blech, Beton, Steine, Zement und sogar Menzi-Muck-Fahrzeuge hinflogen. Die Verantwortung, die mir übergeben worden war, ehrte und motivierte mich.

Damals dachte ich nicht im Traum daran, selbst zu fliegen. Ich schaute dem Piloten zwar gerne zu. Es faszinierte mich, wie er mit der Maschine umging, tauschen jedoch hätte ich nie gewollt. In einem Cockpit zu sitzen, kam mir damals vor, wie in einem Käfig eingesperrt zu sein.

Am Boden fühlte ich mich frei! Ich konnte mich bewegen, mich körperlich verausgaben. Flughelferin war die anstrengendste Arbeit, die ich bis dahin geleistet hatte, und diese Tatsache beglückte mich. Um dieses Glücksgefühl noch zu steigern, ließ ich mich nicht mit dem Heli zum Arbeitsplatz fliegen, sondern stand morgens um halb fünf Uhr auf, frühstückte und rannte dann den Berg hinauf zu meinem »Tummelfeld«. Dort arbeitete ich zwischen zehn und dreizehn Stunden und flog danach mit den andern zurück. Nicht, um Feierabend zu machen. Nein, jetzt musste der Heli noch gewartet werden, was mindestens eine Stunde dauerte.

Wir wuschen ihn, schmierten Welle, Haupt- sowie Heckrotorkopf, füllten Hydrauliköl nach und überprüften die Getriebe des Haupt- und des Heckrotors auf übermäßige Abnutzung. Dabei kontrolliert man die am Heli angebrachten Magnetzapfen auf kleinste, von ihm angezogene Metallsplitter. Ist die Maschine während der Arbeit zu sehr beansprucht worden, ist eine weitere Überprüfung des Getriebes durch den Mechaniker erforderlich.

Zuletzt tankten wir den Heli auf, dann war Feierabend. Zeit, ins Fitnessstudio zu gehen.

Ich weiß, ich habe mich damals körperlich konstant überfordert. Die Erklärung dafür ist einfach. Ich musste mich auspumpen, um am Abend überhaupt einschlafen zu können. Hatte ich mich zu wenig verausgabt, war ich bis morgens um zwei hellwach und am nächsten Tag knatschig.

Arbeit war Arbeit. Und Training war Training. So war ich damals gestrickt. Denke ich zurück, muss ich zugeben, es war ziemlich wild, was ich meinem Körper alles zugemutet habe.

Das Leben versuchte, mich zu zähmen. Es konfrontierte mich mit dem Tod. Und dies gleich zwei Mal kurz nacheinander. Das erste Mal brachte mir weiche Knie ein und einen Übernamen: Nullnullsieben.

Wir waren im Holz, hatten sehr viel zu tun. Ein paar von unseren Leuten mussten verschoben werden. Der Pilot landete den Heli, um sie aufzunehmen. Eigentlich hätte auch ich mitfliegen müssen, doch der Heli war so voll geladen mit Rucksäcken, Holzwerkzeugen und Motorsägen, dass es schlicht keinen Platz mehr für mich gab. Die andern stiegen ein, ich funkte unserem Chef, der im Heli saß, ich käme bei der nächsten Rotation mit. Er antwortete nicht, das heißt, vielleicht hat er das getan, aber bei laufender Turbine und drehendem Rotor hörte ich nichts. Ich sah bloß, wie er, wild gestikulierend, immer wieder auf mich zeigte. »Was will er?«, fragte ich mich. »Muss ich mit? Gut, wenn er meint«, dachte ich, »dann geh ich mit.« Ich stellte mich auf eine Kufe des Helis, funkte den Piloten an, sagte: »Ich stehe auf der Kufe, flieg vorsichtig.« Selbstverständlich konnte er bei diesem Lärm nichts verstehen. Doch als er mich anschaute, wusste ich, es ist alles okay. Später erzählte er mir, er habe nicht mich angeschaut, habe mich nicht einmal gesehen, sondern bloß kontrolliert, ob die Tür geschlossen sei.

Der Pilot hob ab, wie er immer abhob. Mit Vollgas, hatte bald 200 Stundenkilometer drauf. Jetzt wusste ich: »Er weiß nichts von meiner Zirkuseinlage.« Was nun? Eine Hand loslassen, um zu funken? Unmöglich, es hätte mich glatt weggerissen. Meine einzige Hoffnung war der neue Flughelfer. Seit zwei Tagen arbeitete er mit uns. Er saß im Heli und sah mir direkt in die Augen. Ich riss sie auf, um ihm zu bedeuten, dass hier etwas total schief laufe. Aber offensichtlich glaubte er, außerhalb der Maschine mitzufliegen, sei in unserem Business üblich, und meldete meine prekäre Lage niemandem weiter. Im Gegenteil – von der harten Arbeit war er so erschöpft, dass er seine Augen schloss. Und während mir der Wind die Füße von der Kufe zu reißen versuchte und ich meine Hände wie Schraubstöcke um die Verstrebungen des Helis klammerte, döste der junge Mann friedlich vor sich hin.

»Du schaffst das«, dachte ich nun. Unablässig: »Du schaffst das. Mit all dem Krafttraining, das du immer gemacht hast, schaffst du das.« Unter mir die Tiefe. Und nirgends ein Sicherungsseil. »Du schaffst das!«

Und dann wurde mir plötzlich klar: »Macht der Pilot eine Rechtskurve« – ich stand auf der linken Seite des Helis –, »reißt dich die

Fliehkraft in den Himmel hinaus.« Nun betete ich. Es wirkte. Der Pilot flog eine Linkskurve.

Von einer Sekunde auf die andere lag ich auf dem Rücken. Flach im Wind. Über mir der Heli. Unter mir nichts. Zwischen meinen Beinen hindurch erblickte ich die sonnenbeschienenen, weißen Berggipfel auf der anderen Talseite, majestätisch hoben sie sich vom königsblauen Himmel ab. Dieses Bild werde ich nie vergessen. Es faszinierte mich total, war eine Prise Zucker mitten in einem Salzsee.

Dann kam endlich der Boden. Näher, immer näher. Schließlich landete der Pilot den Heli, ich stieg von der Kufe. Meine Knie waren weich wie Schokoladenmousse.

Ich wusste, ich hatte eine Dummheit gemacht, ging zum Piloten hin und sagte: »Entschuldige, ich wusste nicht, dass du nicht gewusst hast, dass ich ...« Weiter kam ich nicht, sein sich verändernder Teint, von braun zu kreideweiß, ließ mich schlagartig verstummen.

Von diesem Tag an hieß ich »Nullnullsieben« oder je nach Laune meiner Kollegen: »Bond – James Bond«.

Darauf bilde ich mir nichts ein – die Geschichte zählt zu einem eher unrühmlichen Kapitel meines noch sehr jungen Flughelferinnenlebens. Ich kannte schlicht keine Grenzen damals.

Mein Tun war auch gesetzeswidrig. Aber ich hoffe, das Schweizerische Luftamt attestiert mir Verjährung. Immerhin liegt das Erlebnis fünfzehn Jahre zurück.

Kurz danach – es war der 6. November 1987 – geschah etwas, was keine Verjährung je heilen kann. Ich fühlte mich schon beim Frühstück müde und schlecht gelaunt. Nicht, weil ich zu wenig geschlafen hätte, sondern weil ich schlecht geträumt hatte. Von einem Helikopterabsturz. Um den Albtraum loszuwerden, erzählte ich ihn unserem Chef.

Die Crew arbeitete damals im Tessin. Im Holz. Die Bäume waren von Forstarbeitern vorbereitet worden, wir mussten sie weder abwurzeln noch abasten und auch nicht zurechtsägen. Ich präparierte Last um Last, versank dabei oft bis zu den Hüften in den abgesägten Ästen, kämpfte mich wieder raus, rannte zur Klinke, die der Pilot zu mir runtergelassen hatte, versuchte, sie zu fassen, sank abermals ein. Fluchte. Konnte die Klinke schließlich packen, hängte die Last an, brachte mich in Sicherheit, funkte ein »Auf«, damit der Pilot wusste, er konnte losfliegen. Ausnahmsweise bildeten wir an diesem Tag wegen Arbeitermangels nur ein Team anstelle von zweien. Ich war eine emsige Arbeiterameise, die alles gab, aber zu ihrem Leidwesen nur über zwei Beine verfügte. Vier weitere wären nötig gewesen. Es war kein guter Tag.

Der Pilot, aus welchem Grund auch immer, flog an dem Tag sehr aggressiv, wurde immer ungeduldiger, manchmal wartete er nicht mal auf mein »Auf«, bevor er die Last aufzog. Das hatte zur Folge, dass ich oft keine Zeit hatte, zur Seite zu hechten, und mir die Struppe übers Schienbein raspelte. Einmal so stark, dass ich durch den Overall spürte, wie sich die Haut vom Knochen löste, so wie sich die Schale vom Apfel trennt, wenn man ihn mit einem Sparschäler traktiert. Die Narbe sieht man noch heute.

Als es endlich Mittag wurde, war ich erschöpft, total am Ende, den Tränen nahe. Mich meinen Kollegen mitteilen, das wollte ich aber nicht. Schließlich war ich die einzige Frau im Team und wollte mir keine Blöße geben. Damit die Männer nichts merkten, ließ ich sie alleine ins nahe gelegene Restaurant zum Mittagessen fliegen und blieb im Wald zurück. Schrie den Bäumen meinen Frust entgegen, ließ meinen Tränen freien Lauf. Legte mich schließlich in die Sonne und aß die paar Nüsse, die ich noch in meinem Rucksack fand.

Die Pause tat mir gut. Um halb zwei Uhr wartete ich auf den Heli. Auf die Kollegen. Sie waren immer zuverlässig und pünktlich. Immer. In der Fliegerei kostet nicht die Stunde, sondern die Minute. Wo waren sie?

Sie kamen nicht. Nicht um fünf nach halb zwei und auch nicht um zwanzig vor zwei. Jetzt begann ich mir Sorgen zu machen. Um Viertel vor zwei Uhr funkte mir unser Chef, ich solle mich zu Fuß zum Tankplatz aufmachen. Er wollte mir nicht sagen, weshalb, also schulterte ich meinen Rucksack und gab einem Flughelferkollegen, der seine Pause weiter unten, beim Abladeplatz, verbracht hatte, Bescheid, dass ich ihn beim Abstieg treffen wolle. Der Weg nach unten war steil und gefährlich. Ich war ihn bereits einmal – zusammen mit einem Forstarbeiter – gegangen, wusste, welchen Gemspfad ich wählen musste und wo die kritischen Stellen waren.

Beim Tankplatz angekommen, setzten wir uns ins Auto, das ich am Morgen dort abgestellt hatte, und fuhren die Bergstraße Richtung Lavorgo hinunter.

Kurve um Kurve, immer weiter runter. Schließlich kamen wir zur großen Kurve, die den Blick ins Tal freigibt. Es war ein Schock. Der Heli lag zertrümmert auf dem Boden. Jetzt war ich dankbar, dass mein Chef mir den Grund für meinen verfrühten Abstieg nicht genannt hatte. Ich weiß nicht, wie ich mit der Gewissheit, dass meine Kollegen abgestürzt waren, hinuntergekommen wäre. Ich bremste das Auto ab, fuhr langsam weiter, dachte an meinen Albtraum, wollte nicht beim Unfallort ankommen. Ankommen bedeutete, erfahren zu müssen, wer bei diesem Absturz gestorben war.

Meine Hände zitterten, mir wurde schwindlig, meine Füße wollten weder Gas geben noch bremsen. Das flaue Gefühl im Magen war neu – war eines, wie ich es bis dahin noch nicht gekannt hatte. Nicht mal auf einer meiner schwierigsten Kletterrouten.

Der Pilot, den ich sehr mochte, hatte leicht verletzt überlebt. Ein Kollege hatte sich am Rücken verletzt, er geht seither an Stöcken, einem andern hatte das Blatt des Hauptrotors ein Bein amputiert. Elmar, »unser« Südtiroler, hatte den Unfall nicht überlebt. Er war 29 Jahre jung und ein ganz spezieller Mensch.

Die Frage, was mit mir passiert wäre, hätte ich die Mittagspause nicht im Wald verbracht, kam erst Stunden später. Die Antwort werde ich nie wissen, aber ich wusste von Stund an, dass es wichtig ist, im Leben das zu tun, was das Herz begehrt.

Kurze Zeit nach dem Unfall merkte ich, dass die Stimmung in der Firma umgeschlagen hatte. Wir stellten zwar ein neues, motiviertes Team auf die Beine, aber das Gefühl, wir seien mehr Familie als Team, stellte sich bei mir nicht mehr ein. Ich fühlte mich nicht mehr respektiert. Ich wusste, eigentlich sollte ich meine Koffer packen und kündigen. Doch ich wartete fast zwei Jahre damit, aus Angst, nirgendwo sonst eine Anstellung als Flughelferin finden zu können. Wald, Berge, frische Luft, zupacken, mich verausgaben, mich spüren können, all das war der beste Garant dafür, dass meine Augen leuchteten. Ich fürchtete mich davor, wieder in einem Laden stehen zu müssen, um Geld zu verdienen.

Ende 1989 machte ich den Schritt und kündigte. Den Anstoß dazu gab mir meine Bergführerausbildung, die ich ein Jahr zuvor begonnen hatte und die mein Selbstbewusstsein stärkte. Ich hatte damals das erste Prüfungsjahr bestanden und durfte, als Aspirantin, bald schon Gäste durch stiebenden Pulverschnee und über verschneite Berggipfel führen. Ich wusste nun: Es gab ein Leben nach der Flughelferin. Und wie das so ist: Lässt man das eine los, kommt bereits das Nächste. Keine zwei Monate später, im Februar 1990, fegte »Viviane« über unser Land und hinterließ fünf Millionen Kubikmeter Sturmholz – viel Arbeit für die Helikopterfirmen.

Das Heligeschäft in der Schweiz ist nicht sehr groß. Eine Berner Helifirma hatte von meiner Kündigung gehört und machte mir ein gutes Angebot. Ich nahm die Stelle an und packte meine Koffer. Verließ die Innerschweiz, zog zu Claudia, einer Freundin, an den Brienzersee und – lernte Ferdi kennen. Wie viel Glück, aber auch Leid dieser Begegnung entspringen würde, wusste ich natürlich noch nicht.

LANGE BEVOR ICH Ferdi das erste Mal sah, hörte ich von ihm. Während der Zeit bei meiner ersten Helifirma bot man oft Geschichten aus dem Heligeschäft herum. Und dabei kam die Sprache immer mal wieder auf einen Piloten, der im Berner Oberland angestellt war und – wie man sagte – sackstark fliege. Darüber hinaus erfuhr ich, dass er es mit den Frauen nicht so genau nehme. Nun, sein Ruf ging ihm weit voraus. Als ich ihn zum ersten Mal sah, dachte ich, das ist er nun also. Interessiert hat er mich nicht. Das Einzige, was mir an ihm gefiel, waren seine Augen, die etwas ganz Besonderes ausstrahlten. Ansonsten aber beeindruckte mich an diesem Piloten nichts. Ich wusste, dass dieser Mann für mich keine »Gefahr« bedeuten würde, denn ich wollte keinen Casanova.

Nach zwei Wochen jedoch änderte sich dies. Ich wurde einem neuen Team zugeteilt. Mein neuer Kollege am Boden hieß Peter, mein neuer Pilot Ferdi. Als er an unserem ersten Arbeitstag mit dem Heli abhob, war es um mich geschehen. Noch nie zuvor hatte ich jemanden so präzis fliegen sehen. Seine Flugmanöver raubten mir den Atem. Der Heli war sein verlängerter Arm, sein Bauch, sein Kopf, seine Beine. Es war, als sei Ferdi ein Vogel. Der Heli und er, das war eine Einheit – ich war hin und weg. Ich verliebte mich. In Ferdis Talent, in seine Flugkunst. Nicht in seine Person. Er als Partner, das kam für mich nicht in Frage. Ich wollte keinen, der sackstark fliegen kann, ich wollte einen, der sackstark klettert. Doch bald war es klar, dass er mich genauso gepflückt hatte wie die Frauen vor mir. Im Vorbeigehen. Wir hatten eine wunderschöne Zeit zusammen. Ich genoss den Moment.

Der Moment dauerte vier Monate. Meine Stelle war auf diese Zeit begrenzt, danach wollte ich wieder zurück in die Innerschweiz und als Bergführerin arbeiten. Doch der Moment war so außerordentlich schön, dass ich mehr wollte. Also blieb ich im Berner Oberland und begann von hier aus, als Bergführerin zu arbeiten.

Es ging nicht lange, da zog ich bei meiner Freundin am Brienzersee aus und bei Ferdi ein. Ich hatte mich mit Haut und Haar, mit jeder Zelle meines Körpers in diesen Mann verliebt. Ich wusste, dass ich mit ihm alt werden wollte.

Längst gefiel mir einiges mehr an ihm als nur seine Flugkunst und seine Augen. Ich liebte seine Person und seinen unglaublichen Charme, mit dem er mich immer wieder umgarnte.

Ich war damals 23 Jahre alt und fühlte mich bei ihm ganz als Frau, das war ein neues Gefühl für mich. Bisher hatte ich mich über meine sportlichen Erfolge definiert. Schwach sein können, sich anlehnen wollen, feminin sein, sich schminken, sich schön anziehen, sich selbst etwas Liebes tun, sich auch mal verletzlich oder verletzt zeigen, all das hatte ich bis dahin abgelehnt. Frauen, die sich so verhielten oder die so waren, wirkten schwach auf mich, waren für mich allesamt Supertussis. Ich wollte anders sein als sie. Stark. Stark und ungeschminkt. Mit Ferdi, er war fünf Jahre älter als ich, lernte ich – im Guten wie im Schlechten – meine femininen Seiten kennen und schätzen.

Ferdi war der erste Mann, den ich in der Öffentlichkeit mit »Das ist mein Freund« vorstellte. Bis dahin hatte ich diese Aussage nach Kräften vermieden. Ich wollte unabhängig sein, mich nicht an einen Menschen binden. In dieser Hinsicht waren Ferdi und ich uns sehr ähnlich. Vielleicht hat uns ja genau das angezogen, unser Drang nach Unabhängigkeit.

Ich lebte also meine Unabhängigkeit auch bei Ferdi. Mich in meinem Freiheitsdrang einzuschränken, kam mir zwar in den Sinn, ich realisierte aber schnell, dass ich, um ich selbst zu bleiben, das machen musste, was ich spürte, machen zu müssen. Ich schenkte Ferdi mein Herz. Meine Seele gehörte aber noch immer den Bergen. Ich verfolgte meine Visionen weiter, arbeitete wochen-, ja monatelang als Bergführerin im gesamten Alpenraum. Und hatte ich mal einen freien Tag, kletterte ich. Von frühmorgens bis spätabends. Ich ließ es mir auch nicht nehmen, Kletterexpeditionen nach Pakistan zu unternehmen.

Die Trennungen taten weh, jedes Mal. Das Herz sagte, bleib doch. Aber der Kopf war stärker. Der sagte, tu, was du willst.

Eines Tages schaute Ferdi mich beim Abschied lange an und sagte: »Wenn du von nun an zurückkommst, rechne nicht damit, dass ich dich erwarte.« Ich tat es trotzdem.

Jedes Mal, wenn ich, nach Tagen oder gar Wochen, nach Hause kam, war ich voller Vorfreude. Jedes Mal hoffte ich, dass mich Ferdi erwarten und in die Arme schließen würde, weil er dieselbe Sehnsucht nach mir empfunden hatte. Doch er hatte seine Drohung wahr gemacht. Er ließ Stunden, manchmal gar Tage auf sich warten.

Ich ahnte, dass er Freundinnen hatte, Beweise dafür hat er mir nie geliefert. Ich fragte ihn danach, er stritt es jedoch heftig ab. Manchmal verriet ihn meine Nase. Manchmal roch er anders. Ich tröstete mich mit dem Satz: »Ein Pferd frisst ja schließlich auch nicht jeden Tag Hafer.« Und versuchte, die schönen Momente zu genießen, die wir noch immer miteinander verbrachten.

Ich machte mich und meinen Freiheitsdrang dafür verantwortlich, dass es immer weniger solche guten Stunden gab. Ich redete mir ein, ich sei schuld daran, glaubte, es sei mein Fehler. Irgendwann wurde mir dann aber klar, dass der Mensch, den ich von ganzem Herzen liebte, mir seine Liebe nicht geben konnte.

Als ich gelernt hatte, mich für unsere Reibereien nicht mehr verantwortlich zu fühlen, begann er, mich mit Gleichgültigkeit zu bestrafen. Im Grunde wusste ich, dass dies seine einzige Möglichkeit war, mit meiner vermeintlichen Unabhängigkeit fertig zu werden. Doch das half mir herzlich wenig, und je mehr mich Ferdi abwies, desto mehr begehrte ich ihn. Ich wollte ihn um jeden Preis und ignorierte all das, was mich schmerzte. In dieser Zeit wusste ich nicht mehr, was es heißt, glücklich und zufrieden zu sein. Ich wurde eifersüchtig.

Seine Gleichgültigkeit mir gegenüber wurde größer und größer. Schließlich begann er, ganze Nächte lang wegzubleiben. Nicht zu wissen, wo er war – diese Ungewissheit war kaum auszuhalten. Verbrachte er die Nacht zu Hause, drehte er mir im Bett den Rücken zu, zeigte mir die kalte Schulter. Um die Kälte aushalten zu können, suchte ich mir die Wärme anderswo. Wissend, dass ich andere Menschen ausnutzte.

Am Anfang unserer Beziehung motivierte mich Ferdi, in die großen Wände der Alpen zu steigen. Und verliebt, wie er damals war, begleitete er mich. Später hat er mir einmal gestanden, diese Touren, vor allem der Frêney-Pfeiler am Montblanc und der Walker-Pfeiler an den Grandes Jorasses, seien für ihn zwar eine Tortur, aber auch ganz spezielle Momente der Zweisamkeit gewesen.

In den Bergen vertrauten wir uns, denn in den Bergen geht ohne Vertrauen nichts. Ich ließ mich von ihm sichern, er ließ sich von mir führen und nachziehen. Wir waren über ein Seil miteinander verbunden, an diesem Seil hing unser Leben. Viele meiner wildesten Touren gelangen mir mit ihm – in einer senkrechten Wand wirken Schmetterlinge im Bauch Wunder!

Doch je schlechter es um unsere Beziehung stand, umso weniger zeigte er Interesse, mich zu begleiten, und irgendwann sagte er, mit mir zu klettern, sei ein »Murks«, er komme nicht mehr mit.

Das machte unsere Situation nicht einfacher, aber nach wie vor waren wir beide nicht gewillt, uns zu trennen. Wir blieben zusammen. Immer wieder suchte ich nach Berührungspunkten, doch immer wieder wurde ich zurückgewiesen.

Eines Tages führte ich im Jungfraugebiet eine Gruppe. Mein seit Jahren verletztes Knie renkte sich bei einer hastigen Bewegung aus und gleich wieder ein. Ich hatte große Schmerzen, konnte aber noch gehen und führte meine Leute zur nächsten Hütte, stieg dann ab und ging zum Arzt, der meinte, ich müsse mich operieren lassen, könne aber bis dahin – mit Hilfe einer Fixation – meine Gäste betreuen wie bisher.

Bevor ich wieder zur Hütte aufstieg, ging ich ins Fitnesscenter zum Krafttraining und danach kurz nach Hause, um zu duschen. Nein, ich überraschte Ferdi nicht, ich fand nur Spuren, die mich handeln ließen.

Bananenschachteln aus dem Keller zu holen und zu packen, war mehr Reflex als Wille. Ich füllte sie mit allem, was mir gehörte. Um die Möbel brauchte ich mich nicht zu kümmern, die gehörten Ferdi. Ich stellte die Schachteln in den Flur und stieg zur Hütte auf. Als ich drei Tage später zurückkam, war Ferdi nicht da.

Ich musste dringend eine Wohnung finden, wusste, das würde – bei meinen finanziellen Verhältnissen – nicht einfach sein. Doch ich hatte Glück. Ich traf in einem Café in Interlaken eine Freundin, die seit einem Jahr in Spanien lebte und ein paar Tage Ferien in der Heimat verbrachte. Wir unterhielten uns, und ich erzählte ihr, dass ich eine Wohnung bräuchte, und sie meinte, ihre Großmutter suche eine neue Mieterin. Und zwar per sofort. Ich wagte kaum zu fragen, was die Wohnung kosten würde, denn Geld hatte ich nie. Was ich gespart hatte, investierte ich immer – nicht in Luxusartikel, sondern in Expeditionen. Doch die Wohnung kostete nur 500 Franken Miete pro Monat! Eine Fügung? Vielleicht. Auf alle Fälle sah ich diese Begegnung als gutes Zeichen. Es war richtig, was ich tat. Ich zog also bei Ferdi aus, ohne mit ihm über unsere Probleme gesprochen zu haben.

Die nächsten zwei Wochen waren Entzug. Ich aß nicht, ich schlief nicht, ich hörte nichts von Ferdi. Meinen Entschluss bereute ich trotzdem keine Sekunde. Das Fundament, das mir trotz allem immer solide schien, war nun zerrüttet. Die Tatsache, dass er mich in unserer gemeinsamen Wohnung betrügen konnte, hatte jegliches Vertrauen zerstört. Er hätte seinen Mund nicht mehr aufmachen können, ohne dass ich seine Worte als weitere Lüge gedeutet hätte. Ich musste lernen, dass der Mensch, an dessen Seite ich fünf Jahre verbracht hatte, mir plötzlich fremd war.

Nach ein paar Tagen begann ich wieder zu essen, ich schlief, ich ließ mein Knie operieren und durfte es drei Monate lang nicht belasten. Wieder auf die Beine zu kommen, das wurde mir nicht leicht gemacht.

Ich hielt durch. Als Ferdi und ich uns das erste Mal wiedersahen, da wusste ich, dass ich zwar zurückschauen konnte, zurückkehren würde ich aber nicht mehr. Genau wie beim Klettern. Habe ich mich einmal entschieden zu gehen, dann gehe ich.

Eineinhalb Jahre nach der Trennung sah ich ihn zum letzten Mal. Ich führte ein Heliskiing durch, er war unser Pilot. Als wir in der Luft waren, lächelte ich ihm zu, sagte: »Wie in alten Zeiten.« Etwas Besseres wollte mir partout nicht einfallen. Kurz bevor er landete, sagte ich, es sei schön gewesen mit ihm. Seine Augen und sein Lächeln sagten mir, dass er es ebenso empfunden hatte. Er lud uns aus und stieg wieder in die Lüfte auf.

Kurz darauf führte ich eine Gruppe junger Snowboarder auf einer Safari von Andermatt nach Zermatt durch tiefen Neuschnee. Bevor wir aufbrachen, wollte ich mich übers Wetter informieren. Ich schaltete den Fernseher in meinem Hotelzimmer ein und blätterte die Teletextseiten durch. Ich kam nicht weit. Die Nachricht sprang mich regelrecht an: Heliabsturz im Berner Oberland – der Pilot kam dabei ums Leben.

Ich hockte mich aufs Bett, versuchte, irgendeine Energie von Ferdi zu spüren. Ich empfand nichts und wusste sogleich, dass er es war, der abgestürzt war. Seither weiß ich, dass man es fühlt, wenn ein lieber Mensch fortgegangen ist. Die Luft ist anders.

Ich griff zum Telefon, wählte die Nummer eines Kollegen. Er nahm ab, und als er hörte, dass ich es war, sagte er: »Setz dich.« Ich antwortete, ich wisse es bereits. Wir schwiegen. Dann legte ich auf, wischte mir übers Gesicht und ging zu meinen Snowboardern, alles Männer. Einer von ihnen hatte eine Zeitung in der Hand. Die Schlagzeile war unübersehbar, fett und schwarz: »Heli abgestürzt – Pilot tot.«

Endlich kamen sie, die Tränen. Als ich wieder reden konnte, rief ich die Zentrale an und bat um einen Ersatz. Ich fühlte mich außer Stande, die Gruppe weiterzuführen. Man sagte mir, es gehe mindestens zwei Tage, bis jemand kommen könne, und fragte mich, ob ich bis dahin nicht doch führen würde. Also führte ich. In meinem Kopf nichts anderes als volle Konzentration und das Wissen darum, dass ein falsch eingeschätztes Schneefeld die Katastrophe bedeuten konnte. Trotzdem stand ich auf einer Abfahrt einmal mitten im Hang und wusste nicht mehr, wo ich war. Mein Verstand hatte sich kurzerhand ausgeklinkt.

Am Abend setzten sich die jungen Männer zu mir an den Tisch, fragten, wie es mir gehe. Und ich konnte erzählen, dass einer der wichtigsten Menschen in meinem Leben tödlich verunfallt sei. Auch am Vortag hatten wir während einer Snowboardtour zusammengesessen und über den Satz »Der Weg ist das Ziel« philosophiert. Und jetzt, 24 Stunden später, war jemand aus meiner nächsten Nähe auf seinem Weg gestorben – viel zu früh. Ferdi war erst 34 Jahre alt.

Seither weiß ich, dass der Wunsch der Menschen, möglichst lange zu leben, nie das Erlebnis einschränken darf. Jede Blume ist es wert, betrachtet zu werden, jedes Lächeln, erwidert zu werden, jedes Zwischenziel ist es wert, zelebriert zu werden. Der Mount Everest war für mich ein solches Zwischenziel. Vielen anderen wurde er zum Ziel.

Ferdi starb am 4. März 1997 auf dem Ewigschneefäld im Jungfraugebiet, bei einem Transportflug zur Konkordiahütte, die umgebaut wurde. Das Baumaterial hing in einem Netz unter dem Heli. Ferdi wollte über das Jungfraujoch und den Jungfraufirn zur Hütte fliegen, doch herrschte dichter Nebel. Er funkte zur Hütte, wollte wissen, ob die Sichtverhältnisse beim Konkordiaplatz besser wären. Sie waren. Also flog er an der Eigernordwand und am Fiescherhorn vorbei und dann über den Walchergrat. Als er sah, dass er auch auf diesem Weg nicht zur Hütte gelangen konnte, drehte er den Hubschrauber ab, um zurückzufliegen. Dabei schlug er mit der Last auf einer leicht ansteigenden Schneeflanke auf. Er hatte die richtige Stelle gewählt, aber die Höhe falsch eingeschätzt. Es riss ihn und die drei Leute, die mit ihm unterwegs waren, augenblicklich vom Himmel.

Meine Trauerarbeit begann mit einer Lüge. Ich ging zu Ferdis Wohnung und schwindelte dem Hausabwart vor, ich müsse etwas aus der Wohnung holen, was mir gehöre. Er öffnete mir die Tür und ließ mich sogar allein. Ich wollte nichts holen, ich wollte bloß Abschied nehmen. Ich hatte leider keine Gelegenheit gehabt, Ferdi nochmals zu sehen. Wie soll man Abschied nehmen, ohne sich zu sehen? Ich konnte nicht ewig in der Wohnung bleiben – ich musste, auch im übertragenen Sinne, einen anderen Raum für meine Trauer finden. Ich fand jedoch keinen geeigneten. Das hat meine Trauerarbeit sehr verzögert, und es dauerte drei Jahre, bis ich den Tod des Menschen, den ich so sehr geliebt hatte, akzeptieren konnte.

Bevor ich zur Trauerfeier fuhr, begab ich mich am Morgen in den Wald. Es war ein wunderschöner Frühlingstag. Ich ging an einen Ort, wo Ferdi und ich häufig zusammen geklettert waren, und mir fiel auf, dass, wie damals, als wir zusammengearbeitet hatten, Baumstämme wie Sturmholz kreuz und quer auf dem Boden lagen. Ich sog die Luft ein, sie roch nach frisch geschlagenen Tannen. Ich sprach mit Ferdi, rief mir alle schönen Momente, die wir zusammen erlebt hatten, in Erinnerung.

Und plötzlich spürte ich seine Anwesenheit. Es war ein Gefühl, als habe er hier auf mich gewartet. Um mich in die Arme zu nehmen. Ich spürte eine tiefe Liebe zu ihm.

Auf dem Rückweg fand ich zwei kleine Zweiglein mit Weidenkätzchen. Ich stutzte. Kurz vor dem Ende unserer Beziehung hatte ich Ferdi zwei solche geschickt. Per Post. Nach Untervaz, wo er Piketdienst bei der Rettungsflugwacht hatte. Ich hatte sie an einem lauen Februartag, nach einer grandiosen Skiabfahrt ins Fieschertal, von einem Strauch abgebrochen, der mitten im Tiefschnee stand. Die Zweige rochen nach feuchtem Gras, Nässe und nach Frühling. Sie hätten ihn glücklich machen sollen, er hat allerdings nie darauf reagiert.

Und jetzt stand ich vor zwei solchen Zweiglein. Sie lagen mitten im Geäst auf dem Boden. Und – ich schaute mich um – weit und breit gab es keinen Weidenkätzchen-Strauch. Der Wind musste sie mir vor die Füße getragen haben. Ich hob sie auf, schaute zum Himmel und sagte: »Ich verstehe, Ferdi.« Seither kehre ich jedes Jahr im Frühling an diesen Platz zurück. Als ich zum ersten Mal wieder hinging, brachte ich die Weidenkätzchen zurück. Nicht etwa, weil ich über Ferdis Tod hinweggekommen war, sondern weil ich mit dieser Geste den nötigen Abstand zu gewinnen suchte, um endlich damit beginnen zu können, das Geschehene zu verarbeiten – neu anzufangen.

NEU ANFANGEN. JEDEN TAG. Immer wieder. Nicht aufgeben. Aufstehen. Sich den Herausforderungen stellen. Traurig sein. Wütend manchmal. Weinen. Lachen. Sich freuen. Es gibt so viel Schönes. Man muss nur links und rechts schauen. Nicht stur geradeaus, nicht ständig zurück. Da ist der Baum, der kurz nachdem er im Herbst seine Blätter verloren hat, bereits neue Knospen bildet. Uns damit den Frühling verspricht. Da sind die Raupen, die in einem Kokon ruhen, um neu zu erwachen. Als Schmetterlinge. Als Boten des Sommers. Ende bedeutet immer auch Anfang.

Die Natur ist das Perfekteste und Schönste, was es gibt. Kein Bauwerk hat mich je so tief berührt wie ein Gigant aus Fels und Eis. Kein gemaltes Bild hat mich je so fasziniert wie ein Berg, dessen Flanken vom warmen Licht der aufgehenden Sonne zart gestreift werden. Keine Musik hat mich je so ergriffen wie die des Windes, wenn er Tannenwipfel streichelt. Pure Kunst.

Hier, im vorgeschobenen Basislager, streichelt der Wind nicht, er tobt. Über Steine, Schnee und Eis. Hier im ABC gibt es keine Pflanzen. Hier, auf 6400 Metern, würden die Yaks elendiglich verhungern. Die Yak-Männer sind am Tag nach unserer Ankunft in aller Frühe mit ihren Tieren ins Basislager zurückgekehrt. Ich vermisse die Nähe der Yaks. Im Basislager setzte ich mich manchmal zu ihnen, schaute in ihre tiefschwarzen Augen, lauschte ihrem Atmen, spürte die Wärme, die sie abgeben, und war immer wieder von neuem erstaunt darüber, wie sparsam sie mit ihren Kräften umgehen. Yaks machen keinen Schritt zu viel, gemächlich, dabei äußerst sicher setzen sie Huf vor Huf. Egal, wie groß ihre Last, egal, wie weit und beschwerlich ihr Weg ist. Nach getaner Arbeit sind sie mit einem kleinen Haufen Heu zufrieden, den sie stundenlang wiederkäuen. So klein wie ihre Essensrationen ist auch ihr Futterneid. Nie sah ich ein Yak, das sich am Heu eines andern gütlich getan hätte. Bei ihnen zu sitzen, sie zu beobachten, war Meditation, war eins werden mit der Natur, bedeutete Nähe zu dieser großen Kraft, der ich den Namen Gott gebe.

An unserem zweiten Tag im ABC verabschieden sich auch die Sherpas von uns. Sie steigen zum Nordcol auf 7000 Metern, um dort das Lager I einzurichten, von wo aus sie die weiteren drei Lager anlegen werden. Das Lager II auf 7600 Metern, das Lager III auf 7900 Metern und das Lager IV, das Topcamp, auf 8400 Metern. Sie schleppen Sauerstoffflaschen, Zelte und Fixseile hinauf.

Robert und ich machen uns im ABC nützlich. Zusammen mit den beiden Bergführern Asmus und Andy schaufeln wir während vier Stunden Steine weg. Schaffen Platz für fünf weitere Zelte, stellen diese auf, damit die übrigen Expeditionsteilnehmer, die bald nachkommen, ein Zuhause haben. Das Pickeln und Schaufeln auf 6400 Metern ist harte Knochenarbeit, die mir gut tut. Schlag um Schlag lockere ich die auf dem Moränengelände fest gefrorenen Steinbrocken, Andy und Robert schaufeln sie weg.

Hier oben bereitet es mir Mühe, genügend Wasser zu trinken. Mit steigender Höhe muss ich mehr trinken, denn je trockener die Luft, desto mehr Flüssigkeit verliere ich durch die Atmung. Der fehlende Sauerstoff bewirkt, dass ich mich überhaupt nicht durstig fühle. Ohne Durst vier Liter Wasser pro Tag zu trinken, ist nicht nur mühsam, es hat auch zur Folge, dass ich mindestens alle zwei Stunden hinter einen Stein muss. Vor allem nachts – bei zwanzig und mehr Grad minus – ist das ein grässliches Unterfangen.

In der zweiten Nacht hindert mich nicht nur die Kälte daran, mein Zelt zu verlassen, sondern auch ein orkanartiger Sturm. Er zerfetzt vier unserer Überzelte und trägt eines fort. Das französische Team trifft der Sturm mitten in den Magen: Ihr Esszelt ist am Morgen weg. Trotz Stöpseln in den Ohren mache ich in dieser Nacht kaum ein Auge zu. Unablässig rüttelt der Wind an meinem Zelt, ich hoffe inständig, dass ich das Überzelt fest genug fixiert habe.

Für uns bedeutet der Sturm Schrecken – für die Tibeter eine Gnade. Ihre Gebete werden in dieser Nacht ins Universum hinausgetragen.

Ich bete nicht, ich halte die kleine Flasche Weihwasser in der Hand, die mir meine Mutter als Glücksbringer mit auf den Weg gegeben hat, und atme den Duft des ätherischen Öls ein, das mir meine Schwester zum Abschied schenkte.

Nach vier Tagen im ABC machen Robert und ich uns, zur weiteren Akklimatisation, zum Nordcol, ins Lager I, auf. Wir sind die Einzigen. Die andern bleiben in ihren Zelten. Der Sturm ist noch immer sehr stark und fegt böenartig um unsere Körper. Manchmal habe ich das Gefühl, er puste mir durch Ohren und Nase direkt in mein Hirn hinein, in der grässlichen Absicht, es aus meinem Schädel zu blasen. Es ist kalt. Eiskalt. Trotz Daunenjacke und zwei paar Hosen, eine aus Fleece, die andere aus Goretex, friere ich. Wenigstens sind meine Hände und Füße warm. Ich komme kaum vorwärts, mühe mich ab, stütze mich alle paar Minuten auf meinen Pickel, den ich in der einen Hand halte. Oder auf den Skistock, den ich mit der andern umklammere.

Endlich. Nach dreieinhalb Stunden sind wir oben. Auf 7000 Metern. Ich stehe so hoch wie noch nie zuvor. Neun Erstbegehungen haben mich im Karakorum in Pakistan auf jeweils über 6000 Meter geführt. Einmal stand ich in den Anden, auf dem Aconcagua, auf 6970 Metern.

Nun sind es 7000 Meter über dem Meer. Ich bin in einen neuen Raum vorgestoßen – in eine Art Vorhimmel. Überleben kann hier auf Dauer niemand.

Die höchste Höhe, in der Menschen dauerhaft leben und arbeiten können, liegt auf rund 5500 Metern. Besonders empfindliche Personen weisen jedoch, wenn sie zu schnell zu hoch aufsteigen, bereits auf einer Höhe von circa 2000 Metern Anzeichen einer Höhenkrankheit auf. Der Grund dafür liegt darin, dass sich mit zunehmender Höhe das Sauerstoffangebot verringert. Dieses ist aber nicht etwa kleiner, weil es weniger Sauerstoff in der Luft hätte, sondern weil der Luftdruck mit zunehmender Höhe abnimmt und der Sauerstoff in der Luft nicht mehr so stark komprimiert wird. Auf 5000 Metern beträgt der Luftdruck noch etwa die Hälfte dessen auf Meereshöhe. Auf dem Gipfel des Mount Everest, auf 8850 Metern, beträgt er noch ein Drittel.

Nach ein paar Minuten habe ich genug, ich kehre zurück ins ABC. Robert bleibt noch einige Zeit auf dem Nordcol, um den Sturm bildlich festzuhalten. Er wird mich bald einholen. Er ist schneller als ich. Sein Körper erträgt die Höhe gut. Das weiß er, seit er 1990 – ohne Sauerstoff und ohne Hochträger – schon mal am Mount Everest war. Nach vergeblichen, wochenlangen Versuchen am Westgrat stieg er damals, zusammen mit seinem Kollegen Beda Fuster, über die Südcolroute auf. Die beiden mussten den Aufstieg auf einer Höhe von 8300 Metern – wegen Erfrierungsgefahr der Füße – jedoch abbrechen.

Absteigen geht sehr viel schneller als aufsteigen. Nach einer knappen Stunde bin ich bereits wieder im ABC, fühle mich müde und durchfroren, aber auch glücklich. Ich war auf 7000 Metern und bekam keine Kopfschmerzen. Ein gutes Zeichen. Mein Körper scheint sich an die Höhe zu gewöhnen.

Nach weiteren zwei Tagen im ABC steigen Robert und ich zum Basislager auf 5200 Metern ab, um unseren Körpern drei Tage Ruhe zu gönnen. Die übrigen Teilnehmer von Russells Expedition bleiben im ABC. Sie haben ein anderes Akklimatisierungsprogramm, verbringen vierzehn Tage auf 6400 Metern und steigen hin und wieder zum Nordcol auf 7000 Meter hoch.

Während unseres Abstiegs ins Basislager besuche ich Santschin im Intermediate Camp. Ich setze mich neben ihn, trinke die Tasse

Mount Everest: Sicht vom Basislager

Tibeterin auf dem Marktplatz in Lhasa vor dem Potala

Tibeterkinder
aus dem
Rongbuk-Tal

Basislager auf 5200 Metern

Unsere Glücksbringer

Gebetsfahnen der Pujazeremonie im Basislager

Vorgeschobenes Basislager (Advanced Base Camp ABC) auf 6450 Metern

Lager II auf 2760 Metern

23. Mai 2001 um 6.30 Uhr auf dem Gipfel des Mount Everest

Andy auf seinem schmerzhaften Rücktransport zum Basislager

Take off mit Hubschrauber HB-XPQ

Unterwegs als
Bergführerin im
Val d' Anniviers

Tee, die er mir in die Hand drückt, und schaue mir die Schuhe an, die er inzwischen für seine Frau fertig gestellt hat. Wir reden kaum. Nicht, weil er kein Englisch spricht, sondern weil es einfach keine Worte braucht. Als er mir beim Abschied seine Hand auf die Schulter legt, weiß ich, was er mir sagen will. Gib Acht.

Im Basislager angekommen, freue ich mich riesig auf eine Dusche. Ich habe sie sehr nötig, da ich im ABC wegen Kälte und Wind Tag und Nacht dieselben Kleider getragen habe. Mein Haar klebt fettig am Kopf. Ich «dufte» nach abgestandenem Schweiß, und meine Haut fühlt sich rau und trocken an. Der Selbstreinigungseffekt, auf den die Tibeter in dieser Höhe setzen, scheint bei mir nicht zu wirken.

Nach der Dusche fühle ich mich wie neugeboren. Ich besuche Latschu, unseren Meisterkoch, in seinem Esszelt. Er zwinkert mir zu, lacht, fragt: »Hungry?« Ja, ich habe Hunger. Habe Lust auf einen riesigen Teller Spaghetti. Als Tsangbu mit einem Kanister voll Wasser ins Zelt kommt und sich zu mir setzt, fühle ich mich geborgen wie in der warmen Küche eines Bauernhauses.

Ich schlafe in dieser Nacht so gut wie schon lange nicht mehr. Am Morgen fühle ich mich ausgeruht und bin voller Tatendrang. Meine Unruhe wächst. Aber ich weiß, der Zeitpunkt ist noch nicht da, das Wetterfenster noch lange nicht offen. Ich werde mich gedulden müssen. Dieses Wissen erfüllt mich mit noch größerer Unruhe.

Insgeheim bewundere ich Robert, der mit der Situation bestens klarzukommen scheint. Meiner Nervosität begegnet er mit einem breiten Lachen, sagt: »Es gibt doch nichts Schöneres, als auszuruhen und ein Buch zu lesen.«

Nach zwei Tagen im Basislager steigen wir wieder ins ABC auf. Machen, wie schon beim Abstieg, Halt im Intermediate Camp, diesmal, um hier zu übernachten. Am nächsten Morgen freue ich mich darauf, Stunde um Stunde Fuß vor Fuß setzen zu können.

Als ich im ABC ankomme, fühle ich mich nicht erschöpft, sondern gut. Mir ist warm, ich schaue zum Gipfel des Mount Everest hoch. 2500 Meter trennen mich von ihm. Und noch mindestens zwei Wochen. Meine Vorfreude, ihm begegnen zu dürfen, entschädigt mich für alle Anstrengungen.

Am 29. April 2001 steigen Robert und ich bei schönstem Wetter zum zweiten Mal zum Nordcol auf. Diesmal, um dort zu übernachten. Auf unserem Weg hinauf sehe ich etwas, was ich mir in meinen kühnsten Träumen nicht hätte vorstellen können: Bergdohlen. Auf 7000 Metern über dem Meer spielen sie mit dem Wind.

Abends gibt es Nudelsuppe. Mein Appetit hält sich in Grenzen. Ich lege mich bald in den Schlafsack, gespannt darauf, wie ich meine erste Nacht in dieser Höhe verkraften würde.

Am andern Morgen fühle ich mich gut. Keine Kopfschmerzen. Keine Übelkeit. Nur das Kondenswasser, das sich in der Nacht an den Zeltwänden abgesetzt hat und da zu Raureif gefroren ist, macht mir zu schaffen.

Jede meiner Bewegungen lässt tausend Eiskristalle in meinen Nacken und in meine Expeditionsschuhe rieseln, die ich heute zum ersten Mal anziehe. Es sind dicke, warme Bergstiefel, einige Nummern zu groß, damit ich genügend Socken tragen kann. Als ich sie endlich zugeschnürt habe, zwinge ich mich, mein Müesli zu essen.

Draußen ist es eisig kalt. Ich versuche, die Kälte zu ignorieren, und beginne, unweit vom Zelt Firn abzuschlagen und vors Zelt zu schaufeln, um ihn auf dem Gaskocher zu schmelzen. Für die nächsten Stunden benötigen wir mindestens zwei Thermosflaschen voll Wasser. Robert und ich wollen ins Lager II aufsteigen, um dort, auf 7600 Metern über dem Meer, eine weitere Nacht zu verbringen. Wie unglaublich fahrlässig ich durch diese forcierte Akklimatisierungsmethode mit mir umgehe, kann ich noch nicht ahnen.

EINEN BERG BEZWINGEN. Einen Gipfel stürmen. Einen Achttausender in Angriff nehmen. Mit solchen Redewendungen habe ich große Mühe. Für mich werten sie den Berg ab. Ich will einen Berg nicht erobern, ich möchte ihm begegnen – und dabei möglichst das Gefühl haben, von ihm behütet zu werden. Dann erst wird es zu einem positiven Erlebnis, das nach Wiederholung verlangt.

So geschah es bei der Eigernordwand. Nach meiner ersten Winterbesteigung, im Januar 1990, hatte ich den großen Wunsch, der Wand nochmals zu begegnen, diesmal im Sommer. Doch bevor ich mein Vorhaben in die Tat umsetzen konnte, fragte mich Godi Egger, ein Grindelwaldner Bergführer, ob ich Lust hätte, für das Schweizer Fernsehen durch die Wand zu steigen. Ich brauchte nicht lange zu überlegen – die Idee, die Eigernordwand in die Stuben zu bringen und sie damit auch für Leute erlebbar zu machen, die nie die Chance erhalten würden, sie zu durchsteigen, reizte mich. Gleichzeitig war ich aber auch sehr skeptisch, ob ein solch riesiges Projekt überhaupt realisierbar war. Ich glaubte – ehrlich gesagt – nicht so recht daran. Trotz meiner Skepsis wartete ich mit meiner sommerlichen Eigernordwand-Begegnung. Manchmal kann ich das ganz gut. Warten.

Und siehe da: Die Idee wurde konkreter. Es hatte sich gelohnt zu warten, besonders als ich erfuhr, dass noch eine zweite Frau zugesagt hatte, die Bergführerin Bettina Sulliger-Perren. Leider musste das Unternehmen 1998 – wetterbedingt – um ein Jahr verschoben werden, und für das Jahr 1999 sagte Bettina ab. Ihre offizielle Begründung war die, dass sie sich um ihre Gäste kümmern wolle. Ich glaube aber, es gab noch einen andern Grund. Die Engelhörner.

Als Training jagte man uns 1998 über 21 Gipfel der Engelhörner, des so genannten Hufeisens, im Rosenlauital. 21 Gipfel an einem Tag – eine ganz besondere Anstrengung, eine, auf die ich gerne verzichtet hätte. Nicht, weil ich sie mir nicht zutraute, sondern weil ich mit Fieber zu unserem Treffpunkt auf die Schwarzwaldalp kam.

Das Fieber rührte nicht von einer Grippe her, sondern davon, dass ich körperlich erschöpft war. Ich hatte mir zu viel zugemutet. Kaum aus Amerika zurück, wo ich die Helikopterausbildung hinter mich gebracht hatte, führte ich bereits wieder, um Geld zu verdienen, und trainierte für die Eigernordwand. Die Mehrfachbelastung ermüdete mich sehr. Bettina ging es ebenso, auch sie hatte in den Wochen zuvor viel geführt. Wir wussten beide, dass wir für den nächsten Tag weder ausgeruht noch genügend vorbereitet waren. Wir beschlossen, nur ein Drittel zu klettern und dann abzubrechen. Unser Coach war darüber alles andere als erfreut.

Wir standen morgens um vier Uhr auf, machten uns bereit. An den Füßen trugen wir keine leichten Kletterfinken, sondern schwere Bergschuhe und am Rücken einen störenden Rucksack. Vor uns lag ein elend langer Tag.

Wir waren drei Teams: das Männerteam, das Team der beiden Ersatzmänner und wir Frauen. So schnell, wie die Männer schon auf den ersten paar Metern loszogen, war mir bald klar, dass es hier um einen Wettkampf ging. Bettina und ich hatten von allem Anfang an keine Chance, und außerdem fehlte uns jegliche Motivation, das Spiel mitzuspielen.

Als wir das erste Drittel geklettert waren und auf dem Kingspitz standen, ließen wir uns von unserem Coach aber doch dazu überreden weiterzumachen. Von da an gab es kein Zurück mehr, denn wer über den Froschkopf abseilt, muss die restlichen Gipfel auch klettern.

Die Männer zogen auf und davon, wurden zu vier kleinen Punkten in weiter Ferne. Wir dagegen nahmen uns Zeit. Nicht unbedingt, weil wir wollten, sondern weil wir nicht anders konnten. Die Kletterei war nicht besonders schwierig, der vierte, untere fünfte Grad, doch der Fels war sehr brüchig. Häufig war nur alle zehn bis zwanzig Meter eine seriöse Absicherung möglich, hinzu kamen die schweren Schuhe mit ihren steifen Sohlen und die Tatsache, dass wir noch über zehn Stunden vor uns hatten. Wir ermüdeten mehr und mehr. Auch psychisch. Immer wieder setzten wir uns eine halbe Stunde hin, machten eine Pause, fragten uns, was das ganze Theater sollte. Wir begriffen den Sinn der Sache nicht. Wieso mussten wir über diese Steinhaufen rennen? Um zu beweisen, dass wir fit waren?

Als wir abends um halb zehn die Hütte erreichten, begrüßten uns die Männer alles andere als lobend, geschweige denn herzlich. Am nächsten Morgen trafen wir uns zu einer Sitzung, um den Vortag zu besprechen. Wir Frauen mussten uns einiges anhören. Bettina litt darunter. Ich konnte die Angelegenheit leichter nehmen, schließlich hatte ich die Eigernordwand bereits einmal geklettert. Damals bei Temperaturen bis zu siebzehn Grad minus und im Pulverschnee, also bei weitaus schlechteren Verhältnissen, als wir sie jetzt im Sommer antreffen würden. Bettina jedoch war noch nie in der Eigernordwand gewesen, konnte also nicht mitreden.

Schließlich stand ich auf und sagte zu den Männern: »Hört mal! Geht Franziska Rochat-Moser mit Fieber an den New Yorker Marathon, erwartet niemand von ihr, dass sie gewinnt. Ihr habt gewusst, dass wir nicht in Topform waren, also hört auf, uns zu kritisieren.« Dann habe ich sie gebeten, mir eine, bloß eine einzige Sportart zu nennen, in deren Spitzenbereich Frauen schneller und kräftiger wären als Männer. Sie mussten nicht lange nachdenken, sie merkten bald, worauf ich hinauswollte. Sie räusperten sich, schauten einander an. Einer fragte: »Bedeutet das, dass ihr bei ›Eiger Live‹ langsamer steigen werdet als wir?« Ich erwiderte: »Höchstwahrscheinlich schon.« Nach einer weiteren Sitzung ließ man die Idee fallen, uns als Frauenteam in die Nordwand steigen zu lassen, und sah für den Tag X zwei »gemischte Doppel« vor.

Bettina war leider bei der Live-Sendung 1999 nicht mehr dabei. Schade, wirklich sehr schade. Stephan Siegrist, der Mann, mit dem ich in Patagonien gewesen war, ersetzte sie. Nun war ich die einzige Frau im Team. Ich vermisste Bettina. Vermisste unsere Gespräche. Vor allem vermisste ich meine Kollegin, als wir ein paar Wochen vor der Sendung abermals eine so genannte Trainingstour machten. Diesmal nicht in den Engelhörnern, sondern über den gesamten Eigernordostgrat. Wir planten, die Route nicht wie üblich in zwei Tagen zu klettern, sondern nur in einem, um am zweiten Tag auch noch über den Nordostgrat der Jungfrau zu steigen. Ich freute mich auf die Tour am Eigernordostgrat, der Nordostgrat der Jungfrau aber lag mir schwer auf. Ich hatte ihn schon zwei Mal geklettert und mir geschworen, nie mehr an diesen brüchigen Steinhaufen zu gehen. Er fasziniert mich nicht. Überhaupt nicht. Hinzu kommt, dass 1993 ein befreundeter Bergführer an diesem Grat in den Tod stürzte. Zusammen mit einem Gast.

Ich hatte also einige Gründe, warum ich diesen Grat meiden wollte, wusste aber, dass meine Emotionalität keine Entschuldigung sein würde. Also fügte ich mich. Als wir am nächsten Morgen um drei Uhr aufstanden, konnte ich mein Glück kaum fassen: dichter Nebel und Schneefall. Bei diesem Wetter, das wusste ich, würden wir nicht aufbrechen. »Perfekt«, dachte ich, »fahren wir gemütlich mit der ersten Bahn nach Grindelwald und gehen am Hintisberg sportklettern.« Doch als ich meine Gedanken in Worte fasste, schauten mich meine Kollegen an, als säße ich im Schneidersitz auf einer Hühnerleiter und gackerte. »Wir haben einen Auftrag», entgegnete der eine, «und dieser Auftrag wird erfüllt, egal, wie schlecht das Wetter ist.«

Die Situation war klassisch. Ich hatte sie bereits ein Jahr zuvor erlebt. Kurz nach den Engelhörnern war geplant, die Nordwand des Eigers zu durchsteigen – als Hauptprobe. Ich war dagegen, sagte: »Diese Wand zwei Mal in einer Saison? Hey, das brauche ich echt nicht.« Die Männer waren anderer Meinung.

Als wir uns damals in Grindelwald trafen, hatte ich keine geeignete Ausrüstung dabei. Nicht, weil ich kneifen wollte, sondern weil die Wettervorhersage für den nächsten Tag, an dem wir in die Wand einsteigen wollten, ein Ansteigen der Nullgradgrenze auf 4700 Meter gemeldet hatte.

Es war mir klar, dass wir bei diesen Verhältnissen nie und nimmer starten würden, da das Steinschlagrisiko viel zu hoch war. Doch meine Kollegen schien dies nicht zu stören. Sie hatten Pickel und Steigeisen und alles, was es braucht, bei sich. Als ich sie fragte, was sie mit all dem Zeugs wollten, meinten sie: »Warum fragst du? Zum Eigergletscher wollen wir.«

Die Station Eigergletscher der Jungfraubahn ist der Ausgangspunkt zum Einstieg in die Wand. Sie wollten es also tatsächlich durchziehen. Auch Bettina schien bereit, was ich mir nur damit erklären konnte, dass sie nach dem Debakel an den Engelhörnern unter einem enormen Erfolgsdruck stand.

Für die Eiger-Live-Sendung hatten wir klare Sicherheitsvorgaben. Eine davon lautete: »Eiger Nordwand Live« wird nur dann durchgeführt, wenn die Nullgradgrenze unter 3000 Metern liegt. Und jetzt – bei der Hauptprobe – wollte sich offensichtlich niemand daran halten. Und dies, obwohl die Nullgradgrenze 1700 Meter über der Vorgabe lag. Okay, es gab eine leichte Bise, die noch eine Veränderung für den nächsten Tag bringen und die Wettervorhersage hätte Lügen strafen können, aber das schien mir unmöglich, denn die Bise kam nicht, sondern zog ab. Das war kein Wetter, um in die Wand einzusteigen, nie und nimmer.

Ich äußerte meine Bedenken, doch sie schienen niemanden zu interessieren. Im Gegenteil, es wurde weiter sortiert, abgeklärt, bereitgestellt und eingepackt. Ich schaute zu und fühlte mich ohnmächtig. Einer der Männer starrte mich an und sagte: »Evelyne, wenn wir jetzt nicht gehen, dann gehen wir nie.« Ich erwiderte nichts.

Wir fuhren mit der Bahn nach Eigergletscher. Im Personalhaus der Stationsleute wollten wir die Nacht verbringen, um am andern Morgen in aller Frühe aufbrechen zu können.

Als wir die Bahn verließen, kochte ich innerlich vor Wut. Nicht nur über die Situation, sondern auch darüber, dass offensichtlich niemand meine Argumente gegen den morgigen Einstieg ernst nehmen wollte.

Ich warf meinen Rucksack zu Boden, sah den andern zu, wie sie sich für den folgenden Tag vorbereiteten, zwang mich zur Ruhe, fragte mich, wo ich mit meiner Wut hinsollte. Weg. Ich musste weg von hier. Zu den Kollegen sagte ich: »Sorry, es tut mir Leid, aber ihr müsst morgen alleine steigen. Bei diesen Verhältnissen gehe ich nicht in die Wand.« Es war abends um sieben oder acht Uhr, die letzte Bahn war längst weg, also stieg ich zu Fuß ab. Mir war elend zumute. Ich fühlte mich in meinen Werten und Prinzipien schwer verletzt.

Am nächsten Tag schaute ich aus dem Fenster meiner Wohnung in Beatenberg – geradewegs an die Eigernordwand. Es war ein strahlend schöner und kühler Morgen. Doch das änderte sich schnell. Die Bise zog endgültig weg, die Nullgradgrenze stieg massiv an. Der Wetterfrosch hatte sich nicht getäuscht. Aus einem kühlen Morgen wurde ein heißer Sommertag.

Um zehn Uhr läutete das Telefon. Unser Coach meldete sich, ich erwartete eine Standpauke. Um diese noch ein bisschen hinauszuzögern, fragte ich, bevor er etwas sagen konnte: »Wie weit sind sie schon?« Er antwortete, sie seien wegen Steinschlaggefahr umgekehrt und bereits wieder bei der Station Eigergletscher angekommen. Erst sehr viel später sollte ich von Bettina erfahren, dass sie es war, die sich nach dem ersten gekletterten Stück vehement geweigert hatte weiterzusteigen, da ihr das Risiko schlicht zu groß geworden war.

Und dann also – ein Jahr später – bei unserer zweitägigen Tour am Eigernordostgrat und am Nordostgrat der Jungfrau wieder eine ähnliche Situation. Das Wetter schien mir nicht gut genug, die Männer aber sahen es anders. Sie wollten den Auftrag erledigen. Meine Sicht der Dinge, meine Einwände und meine Erfahrung interessierten niemanden. Vielleicht lag das auch daran, dass ich mich nicht genug ins Zeug legte, um meine Meinung durchzusetzen. Nach allem, was vorgefallen war, fürchtete ich die Frage: »Was suchst du überhaupt hier?«

Zu dieser Zeit las ich das Buch von Cris Evatt »Männer sind vom Mars, Frauen von der Venus«. Am Fuße des Nordostgrates der Jungfrau stehend, wünschte ich sie auf den Mond. Die Männer. Alle.

Als wir die ersten paar Seillängen geklettert waren, schneite es dicke Flocken, der Fels wurde rutschiger, der Nebel dichter, und schließlich wurde es unmöglich weiterzusteigen. Jetzt sahen auch die Männer ein, dass wir nicht um jeden Preis über diesen Grat steigen mussten, und sie beschlossen abzubrechen.

Auf Klettertouren, die ich mit Männern unternommen habe, erlebte ich solche Situationen öfter. Als Frau versuche ich, dann abzubrechen, wenn ich das Gefühl habe, noch heil nach unten zu kommen. Männer geben oft erst dann auf, wenn es unmöglich geworden ist weiterzusteigen.

Frauen und Männer handeln nicht nur unterschiedlich, sie kommunizieren auch anders. Wir Frauen äußern unsere ganz persönlichen Zweifel, teilen uns mit und suchen Gleichgesinnte. Männer – so scheint es mir – schweigen lieber in schwierigen Situationen, vielleicht aus Angst, sich vor den andern bloßzustellen.

»Meine« Männer ließen denn auch erst nach der erfolgreichen »Eiger Nordwand Live«-Durchsteigung ihren Panzer fallen. Nicht nur meine Bergführerkollegen, sondern auch die Männer vom Schweizer Fernsehen. Einige von ihnen kamen auf mich zu und redeten darüber, wie angespannt sie die ganze Zeit gewesen seien und wie ausgelaugt und müde sie sich nun fühlten. Diese Aussagen erstaunten mich sehr, da ich geglaubt hatte, ich sei die Einzige, die mental so stark angespannt gewesen war. Aber sie taten mir gut.

Es gab bei »Eiger Nordwand Live« immer wieder Situationen, in denen ich mich einsam fühlte. Aber es wäre mir nie in den Sinn gekommen auszusteigen. Letztlich war es eine sehr gute Teamarbeit, in der alle ihr ganzes Können und ihre Talente einsetzten, um gemeinsam zum Ziel zu gelangen – auch wenn es manchmal Unstimmigkeiten gab. Außerdem schätzte ich die Arbeit mit dem Fernsehteam. Vor allem der Verantwortliche der Sendung, Kurt Schaad, beeindruckte mich durch seine ruhige, überlegte Art.

Für mich war das Fernsehen auch ein wichtiger Arbeitgeber. Es war eine Möglichkeit, Geld zu verdienen. Geld, das ich brauchte, denn ich hatte mich 1997 als Bergführerin selbstständig gemacht und litt unter Existenzängsten, die durch meine kostspielige Ausbildung zur Helikopterpilotin noch vergrößert wurden.

Mein Durchhaltewille hat sich gelohnt: Ohne »Eiger Nordwand Live« hätte ich wohl kaum je einen Sponsor gefunden, der es mir ermöglichte, meinen Traum vom Mount Everest Wirklichkeit werden zu lassen.

Die Sendung war für mich also in mancher Hinsicht eine wertvolle Erfahrung. Nicht zuletzt, weil mir einmal mehr bewusst wurde, dass Männer anders an einen Berg herangehen als wir Frauen.

Noch nie hat der Frauenalpinismus Statements abgegeben, die die Ethik am Berg aus weiblicher Sicht beleuchten. Der Frauenalpinismus ist dem der Männer hinterhergehinkt. Bis heute haben wir Frauen uns ausschließlich an männlichen Vorgaben orientiert, haben uns über Leistung, Kampf, Mut, Wettbewerb und Waghalsigkeit definiert. Ich bin überzeugt, dass wir im Alpinismus unsere eigenen Ziele definieren und unsere Nischen finden müssen. Bis anhin gilt, dass wir unsere Leistungen immer mit denen der Männer vergleichen. Und – was fataler ist – wir lassen es zu, dass Männer sich mit uns messen. In keiner anderen Sportart starten Männer und Frauen in der gleichen Kategorie. Auch nicht im Wettkampfklettern. Beim freien Bergsteigen dagegen schon. Wir Frauen müssen aufpassen, dass wir unsere Weiblichkeit dabei nicht allzu sehr in den Schatten stellen.

Auch am Mount Everest hatte ich genügend Zeit, mich damit auseinander zu setzen, was Ethik für mich als Frau bedeutet. Es ist der Respekt und die Demut dem Berg gegenüber. »Respekt haben« bedeutet nicht, Angst zu haben. »Respekt haben« ist die Erkenntnis, dass der Berg immer stärker ist als ich. Es bedeutet, den Berg kennen zu lernen und die Risiken auszuschließen. Möglichst auszuschließen, denn mit einem Restrisiko muss man rechnen. Und obwohl ich mit jeder einzelnen Zelle meines Körpers am Leben hänge, bin ich trotzdem bereit, es ein bisschen loszulassen, ohne dabei verantwortungslos zu sein.

Ich besteige einen Berg nie nur deshalb, weil er einen hohen Schwierigkeitsgrad aufweist, sondern weil ich eine persönliche Beziehung zu ihm habe. Und – ich kann warten. So lange, bis er sich freundlich zeigt und die Bedingungen gut sind.

Jeder Alpinist, jede Alpinistin definiert die Rahmenbedingungen etwas anders. Die Erfahrung zeigt mir aber, dass Männer offensiver an den Berg gehen als wir Frauen. Mit dem Resultat, dass wir von unseren Kletterkollegen – irrtümlicherweise – oft als ängstlich und unsicher empfunden werden. Dabei hat die Zurückhaltung ganz andere Gründe: Sie dient dazu zu beobachten, zu lernen und Informationen zu sammeln, um dann in Aktion zu treten, wenn rundum alles stimmt. Erst dann wechseln wir Frauen von der Defensive in die Offensive. Mit dem Ergebnis, dass wir abermals falsch interpretiert werden. Diesmal als zu ehrgeizig, zu kämpferisch, zu zielstrebig, zu männlich. Vielleicht sogar als zu respektlos. Letzteres schmerzt – mich zumindest – vielleicht am meisten. Wenn ich im Leben etwas sein möchte, dann dies: respektvoll – nicht nur den Bergen gegenüber.

Als besonders respektvollen Menschen habe ich Franziska Rochat-Moser, die Schweizer Marathonläuferin, kennen gelernt. Ihr Tod bei einem Wechtenabbruch oberhalb Les Diablerets, im März 2002, tut mir unendlich Leid.

Ich kannte Fränzi, wir haben uns mehrere Male geschrieben und uns ein paar Mal gesehen. Haben uns unterhalten über Leistung im Allgemeinen und über unser Frausein in einer männerdominierten Sportart. Ich schätzte sie, sie war eine Person, die sich nicht nur Ziele steckte, sondern diese auch erreichte und dabei immer sich selbst treu geblieben ist. In einem harten Sport hat sie ihre Weiblichkeit nie verloren.

Jetzt ist sie tot. Was schrieb ich vorhin? Das Leben ein bisschen loslassen? Franziska Rochat-Moser scheiterte an den Folgen einer brechenden Wechte. Auf die Frage nach dem Warum gibt es nur eine Antwort: Schicksal.

Aber ist es auch Schicksal, dass die herausragendsten Höhenbergsteigerinnen gestorben sind? Alison Hargreaves, Wanda Rutkiewicz und Chantal Mauduit, alle drei verloren ihr Leben an den höchsten Bergen dieser Welt – genügt da das Wort Schicksal?

Passiert in der Fliegerei ein Unfall, versucht man minutiös zu recherchieren, was vorgefallen ist. Niemand ist mit dem Wort »Schicksal« zufrieden, auch nicht mit Antworten wie: »Die Maschine kam in einen Sturm«, »Der Heli ist am Berg zerschellt« oder »Das Rotorblatt hat das Seil einer Bahn touchiert«. Man forscht so lange, bis man die genaue Ursache kennt, gräbt tiefer und tiefer, weil man aus dem Unglück lernen will, um ein nächstes zu verhindern. Dies geschieht auch bei Sportunfällen, etwa im alpinen Skisport.

Warum, frage ich mich, warum hat nie jemand untersucht, weshalb die drei besten Bergsteigerinnen in der Höhe ihr Leben ließen? Wohl deshalb nicht, weil am Berg das Wort Schicksal legitimer ist als anderswo. Aber war es wirklich Schicksal, dass alle drei Frauen am Berg ihr Leben verloren haben? Oder war es etwas anderes? Vielleicht die Tatsache, dass diese Frauen mit einer männlichen Einstellung an die höchsten Berge der Welt gingen?

Warum ist Alison Hargreaves, diese fähige Alpinistin, gestorben? Weil sie von ihrem Ehemann unter Druck gesetzt wurde? Oder weil sie ihre Weiblichkeit am Berg oft unterdrückt hat, beispielsweise damals im Juli 1988, als sie die Eigernordwand, im sechsten Monat schwanger, durchstieg? Ihre Idee, drei Achttausender in ein und demselben Jahr »abzuhaken«, ist mutig und kämpferisch, sie ist aber auch aggressiv. Nachsicht, Geduld und Sanftheit haben bei einem solchen Unterfangen keinen Platz.

Und woran starb die Polin Wanda Rutkiewicz, die auch in der Schweiz Geschichte schrieb, als sie 1973 in einem Frauenteam und – nach Reinhold und Günther Messner, Toni Hiebeler und Fritz Maschke – als zweite Seilschaft überhaupt den Eigernordwand-Pfeiler kletterte? Sie starb bei der Verwirklichung ihres Traumes, als erste Frau alle vierzehn Achttausender dieser Welt zu klettern. Als sie acht davon erreicht hatte – auf dem K2 war sie die erste Frau überhaupt –, träumte sie davon, die restlichen sechs so schnell wie möglich zu »bezwingen«. Sie machte also Tempo. Den Rat ihres Arztes, sie solle pausieren, sie habe schlechte Leber- und Nierenwerte, ignorierte sie. Sie achtete nicht auf die Zeichen ihres Körpers und machte sich zu ihrem neunten Achttausender auf, zum Kangchenjunga in Nepal. Dort wurde sie, am 12. Mai 1992, auf 8200 Metern zuletzt gesehen. Ihre Leiche hat man nie gefunden. Wanda starb 49-jährig. Nach wie vor gilt sie als die erfolgreichste Höhenalpinistin – bis heute stand keine Frau auf mehr als acht Achttausendern.

Und weshalb erging es der Französin Chantal Mauduit ein paar Jahre später am Dhaulagiri ebenso? Mit sechs bestiegenen Achttausendern kam sie Wanda Rutkiewicz am nächsten. Auch Chantal wollte zu schnell alle vierzehn Achttausender erklettern. 1992 stand sie auf dem K2, 1993 schaffte sie zwei Achttausender, den Cho Oyu und den Shisha Pangma, 1996 war sie die erste Frau auf dem Lhotse und stand im selben Jahr auch gleich noch auf dem Manaslu. Ein Jahr darauf, 1997, bestieg sie den Gasherbrum II. Im Mai 1998 starb sie, zusammen mit dem Sherpa Ang Tshering, auf dem Weg zum Gipfel des Dhaulagiri. Sie war damals 34-jährig.

Alle diese Frauen waren herausragende Persönlichkeiten. Es wäre ungerecht zu glauben, sie seien nur geklettert, weil sie einen Rekord für sich verbuchen wollten. Sie liebten es zu klettern, liebten die persönliche Herausforderung, so sehr, dass sie dafür bereit waren, ihr Leben zu geben. Das ist achtenswert.

Bis heute ist es keiner Frau gelungen, auf allen vierzehn Achttausendern gestanden zu haben. Reinhold Messner erreichte dieses Ziel 1986 als Erster. Bis heute haben es insgesamt neun Männer erlangt. Unter ihnen der Schweizer Erhard Loretan, der dafür dreizehn Jahre benötigte, ein Mensch, den ich für seine Ehrlichkeit und Professionalität bewundere. Der Schnellste, der Pole Jerzy Kukuczka, benötigte acht Jahre.

Immer mehr, immer höher, immer schneller. Früher durchkletterte man in einer Saison die Nordwand des Eigers, in der nächsten diejenige des Matterhorns, in der dritten die der Grandes Jorasses. Bald schon versuchte man, die drei großen Nordwände der Alpen in einer Saison zu klettern, dann in einer Woche, schließlich durchkletterte sie der Franzose Christophe Profit 1985 in einem einzigen Tag, in zweiundzwanzigeinhalb Stunden, um genau zu sein. Unser Tun wird immer verrückter, und wir Frauen halten uns bei diesem »Wetthetzen« nicht zurück. Müssen aber – wenn wir bis ans Limit gehen – oft beißenden Spott hinnehmen. Männer hingegen kehren umso heldenhafter zurück, je riskanter ihr Unternehmen war.

Und wer ist schuld daran? Nach dem kolumbianischen Literatur-Nobelpreisträger Gabriel García Márquez – wir Frauen!

Der Extrembergsteiger und Höhenmediziner Oswald Oelz geht in seinem Buch »Mit Eispickel und Stethoskop« darauf ein: »Das Erreichen eines bergsteigerischen Ziels bedeutet Erfolg und ›Heldentum‹, also erstrebenswerte Ziele unserer Gesellschaft. Gabriel García Márquez meint, dass dafür die Mütter und die Frauen verantwortlich seien, deren Vorgängerinnen, die griechischen Frauen, ihren Männern und Söhnen, die in den Krieg zogen, nachriefen: ›Kehrt zurück mit dem Schild oder auf dem Schild, aber nicht ohne den Schild‹, also: ›Kommt als Sieger oder als Tote, aber nicht als Besiegte zurück‹. Es ist mir unmöglich, die Bedeutung der Mütter gegen jene unserer Aggressionsgene bei der Werdung unseres Machismo aufzuwiegen, aber Machos, Rad schlagende Pfaue sind wir alle. Wir halten uns selbst für unendlich wichtig, für den Nabel der Welt, und versuchen krampfhaft, die geahnte eigene Bedeutungslosigkeit zu übertünchen. Dabei werden wir alle, ob Bergsteiger oder Dichter, uns bald unentrinnbar auflösen wie Trillionen von Eiskristallen in jeder Sekunde, sobald die Sonne durch den Nebel dringt.«

Und wir Frauen? Was ist mit unseren Genen, unserer Erziehung? Ich denke, dass wir uns von den Männern nicht so sehr unterscheiden, auch wir wollen Erfolg haben, auch wir möchten gewinnen, auch wir können unsere Ellbogen einsetzen, auch wir wollen auf hohe Berge steigen. Aber wir müssen aufhören, hinter männlichen Vorgaben herzurennen. Wir müssen uns fragen, was wir für uns verändern müssen. Vielleicht male ich jetzt ein bisschen schwarz. Die Bergsteigerin und Schriftstellerin Luisa Francia glaubt, dass wir dies bereits tun. In ihrem leider nicht sehr gut recherchierten Buch »Der untere Himmel – Frauen in eisigen Höhen« schreibt sie: »Nur wenige Frauen sind vom Ehrgeiz, von der Lust, über ihre Grenzen zu gehen, von der Sucht nach Selbstbestätigung oder dem Hunger nach öffentlicher Anerkennung so durchdrungen, dass sie dafür unbedingt ihr Leben wagen wollen.«

Sie hat Recht. Auch ich wollte den Mount Everest erleben dürfen. Was ich jedoch nicht wollte, war, ihn überleben zu müssen. Deshalb habe ich mich für Sauerstoff entschieden. Wir Frauen müssen lernen, unsere Prinzipien, unsere Gefühle und Bedenken, unser Bedürfnis nach Sicherheit und Schutz und unseren Instinkt wieder vermehrt in unsere Entscheidungen einfließen zu lassen.

Unser Wissen um Übersinnliches und unser Vertrauen in uns selbst und damit in die Natur, all das wurde vor noch nicht allzu langer Zeit auf unzähligen Scheiterhaufen bestialisch verbrannt – ausgerottet wurde es dadurch nicht. Wir müssen all das nur wieder hervorholen.

30. April 2001. Nach der Nacht im Nordcol wollen Robert und ich weiter zum Lager II. Für die 600 Meter zwischen dem Nordcol auf 7000 Metern und dem Lager II auf 7600 Metern haben wir etwas mehr als zweieinhalb Stunden eingeplant. Für Robert mag das stimmen, ich hingegen, ich komme nicht voran. Das liegt nicht nur an der Höhe, sondern auch daran, dass wir für die beiden Führer Asmus und Andy zusätzliches Material wie Schlafsäcke, Isoliermatten und Gaskocher ins Lager II tragen. Ich schleppe eindeutig zu viel, will aber nichts abgeben. Ich denke an die Sherpas, die, mit noch größerer Last, bereits auf dem Weg sind ins oberste Lager, ins Lager IV auf 8400 Metern.

Der Rucksack hängt schwer an meinen Schultern. Das anfänglich sanft ansteigende Schneefeld wird zunehmend steiler. Zuerst mache ich auf einen Schritt zwei Atemzüge, dann drei. Immer wieder muss ich längere Pausen einschalten, in denen ich mich keuchend auf Skistock und Pickel stütze.

Für die letzten fünfzig Meter benötige ich fünfzehn Minuten. Jeder Schritt ist ein Kraftakt. Als ich endlich ankomme, werfe ich mich vor dem Zelt auf die Knie, hechle nach Luft. Meine Lungen schmerzen, Füße und Hände sind kalt, es fällt mir schwer zu denken. Wie in Trance schüttle ich, in einem weiteren Kraftakt, den schweren Rucksack von meinem Rücken, lege den Kopf auf die Knie, rühre minutenlang keinen Finger. Einatmen, ausatmen ist alles, wozu mein Körper noch fähig ist.

Als ich mich wieder erhebe, fällt es mir wie Schuppen von den Augen. Es ist nicht der schwere Rucksack, der mich so leiden lässt, es ist mein ganzer Körper, der sich rächt. Dafür, dass ich ihm nach der ersten Nacht im Nordcol keine Erholungspause gegönnt habe. Ich hätte, statt weiter aufzusteigen, absteigen müssen.

Zugegeben, ich habe das gewusst. Nicht nur verstandesmäßig. Auch faktisch. In einer Höhe über 3000 Metern sollte die Schlafhöhe nicht um mehr als 300 bis 500 Meter pro Tag erhöht werden. Wohl darf man während des Tages höher aufsteigen, sollte zum Schlafen aber wieder zurücksteigen. Bei Achttausendern ist diese Regel allerdings nicht einhaltbar. Trotzdem werde ich wohl niemals begreifen, welcher Teufel mich ritt, von 6400 Metern auf 7000 Meter aufzusteigen, dort zu schlafen, um danach gleich nochmals 600 Meter aufzusteigen, um dort abermals zu übernachten.

Ehrgeiz? Vielleicht. Robert fühlt sich trotz dieser rabiaten Art der Akklimatisation bestens, und ich will ihm darin nicht nachstehen. Obwohl mir schon zu Hause gesagt wurde, dass Frauen wegen ihres Monatszyklus, der den Eisengehalt des Blutes senkt, länger bräuchten, sich zu akklimatisieren, als Männer. Mir wurde deshalb auch eine Eisenkur empfohlen, die ich nicht durchgeführt habe. Ich schlucke nicht gerne Tabletten.

Ja, vielleicht ist es mein Ehrgeiz, der mich dazu verleitet, genau das zu tun, was ich nach Kräften vermeiden will. Ich lege ein Tempo vor, wo Langsamkeit angesagt wäre, und riskiere damit nicht nur ein Lungen- oder Hirnödem, sondern setze auch den Mount Everest aufs Spiel. Ich könnte jederzeit zum ABC absteigen, könnte, wenn mir sehr schwindlig wäre, die Fixseile benutzen. Aber mein »Zwängigrind« hindert mich daran. Ich *will*, ich *werde* diese Nacht hier oben verbringen.

Samt meinen Bergstiefeln zwänge ich mich ins Zelt, um nach dem Gaskocher zu suchen. Ich hole ihn raus, schmelze Schnee, damit Robert und ich etwas zu trinken bekommen. Zum Abendessen gibt es Nudelsuppe. Lustlos löffle ich sie nur deshalb aus, weil ich etwas essen muss. Sogar die Schokoriegel, die am Anfang noch geschmeckt haben, gelüsten mich überhaupt nicht. Ich mag sie noch nicht einmal anschauen.

Um siebzehn Uhr schlüpfe ich – ohne meinen Daunenoverall auszuziehen – in meinen Schlafsack. Ich fühle mich krank.

Die folgende Nacht – vom 30. April auf den 1. Mai – werde ich nie vergessen. Ich leide unter Kopfschmerzen, ach, was erzähle ich, es sind nicht Kopfschmerzen, es ist, als hätte ich ein Tier im Kopf, das nach Leibeskräften versucht, meine Schädeldecke von meinem Gehirn wegzuschaben. Mit aller Kraft drücke ich mit beiden Händen gegen meinen Kopf, um den Schmerz zu lindern. Dabei jammere, stöhne und klage ich vor mich hin. Möglichst leise, ich will nicht, dass Robert merkt, wie schlecht ich mich fühle. Er ist sehr besorgt um mich und würde jederzeit mit mir zurücksteigen, aber das will ich nicht. Nein, nein, nein.

Es gibt nur einen Grund für mich abzusteigen – erbrechen. Müsste ich mich erbrechen, dann hätte ich genügend Hinweise auf eine Höhenkrankheit. Ich schlucke sieben Aspirin. Sie nützen nichts.

Jede halbe Stunde schaue ich auf die Uhr, die Zeiger scheinen eingefroren zu sein. Sie wollen und wollen nicht weiterrücken. Nur in meinem Kopf spüre ich, wie die Zeit läuft. Jeder Pulsschlag bringt mich, Herzschlag um Herzschlag, dem Morgen ein bisschen näher. Ich zähle meinen Puls. 120! Zu Hause beträgt mein Ruhepuls 44 bis 46 Schläge pro Minute.

Mein Haaransatz beginnt zu schmerzen, irgendwann spüre ich den Hohlraum zwischen Schädeldecke und Gehirn, bald scheint es jedoch keinen mehr zu geben. Offensichtlich dehnt sich mein Gehirn aus, wie lange hält die Schädeldecke dicht?

Um die Schmerzen zu verringern, bewege ich meinen Körper in derselben Stereotypie wie ein in Gefangenschaft lebendes Tier. Hin und her und her und hin, immer im selben Rhythmus. Vor und zurück. Kleine Bewegungen, mit denen ich bald aufhöre, da sie in dem engen Zelt dazu führen, dass sich der Raureif vom Zelttuch löst und mir dieser ins Gesicht und auf den Kopf rieselt. Was heißt rieselt? Jeder Eiskristall trifft meinen Kopf so hart wie ein mittelgroßer Kieselstein.

Ich versuche zu spüren, wie das Blut fließt, merke, dass meine Zehen und Finger eisig kalt sind. Kopfschmerzen! Wenn nur die Kopfschmerzen abklingen würden.

Ich bete darum, dass mir nicht übel wird. Das Beten lenkt mich etwas ab, so dass ich sogar eine Stunde Schlaf finde. Meine Blase weckt mich. Kopfschmerzen. Kalte Füße. Eiskalte Hände. Aber mir ist nicht schlecht. Bloß mein Mund ist trocken, ich muss trinken. Nein, erst pinkeln. Raus aus dem Schlafsack, weg mit dem Daunenhinterteil, über die Pinkelflasche knien, dabei wie ein an Land gespülter Fisch nach Luft schnappen, mit der Stirnlampe prüfen, ob nichts daneben geht, Zeltluke auf und Inhalt wegschütten. Aus Wasser wird – in null Komma nichts – Eis. Daunenhinterteil zu.

Penisneid? Ja, Herr Freud – wer hätte das gedacht –, hier oben holt er mich ein! Rein in den Schlafsack, alles bedeckt mit Raureif. Fluchen, beten, trinken, Kopf halten. Folter. Was tue ich hier?

Ich versuche, den Schmerz wegzuatmen. Einatmen, ausatmen, einatmen, ausatmen. Das Blut hämmert die Frage »Was suchst du hier, du ungeduldiges Wesen?« in meine Ohren. Robert schläft. Ich beneide ihn. Schlafen. Endlich schlafen. Ich bleibe wach. Am Morgen krieche ich mit unerträglichen Kopfschmerzen aus dem Zelt, stehe auf, spüre, wie mir schwindlig wird. Schwindelgefühle sind kein gutes Zeichen, sie zeigen mir, wie schlecht es tatsächlich um mich steht. Robert kocht Tee, fordert mich auf, möglichst viel davon zu trinken. Es ist offensichtlich, dass ich ihm Leid tue. Das Trinken hilft. Der Schwindel weicht. Gut, jetzt möglichst schnell ins ABC. Ich schnalle mir die Steigeisen an, verabschiede mich von Robert, der noch weiter aufsteigen will. Es ist unglaublich, wie gut sein Körper auf die Höhe reagiert. Das fällt nicht nur mir auf. Bald schon nennen ihn alle »Robert, der starke Sherpa«.

Nach knapp zweieinhalb Stunden erreiche ich das ABC, treffe hier auf Andy, der ebenfalls weiter nach oben steigen wollte. »Was tust denn du hier?«, frage ich ihn. Seine Antwort ist ein trockener Hustenanfall, so heftig, dass ich befürchte, er huste mir seine Lungen vor die Füße. Es gibt Leute, die brechen sich bei einem solchen Hustenanfall sogar Rippen.

Mir wird klar, wie viel Glück ich gehabt habe: Ich bekam weder einen solch starken Husten, noch litt mein Körper so sehr, dass er sich nicht würde erholen können. Auf dem langen Weg ins ABC ging es mir buchstäblich Schritt für Schritt besser.

2. Mai 2001. Die Nacht im ABC hat mir geholfen, mich zu regenerieren. Alle außer mir steigen für eine Pause ins Basislager ab. Ich aber will nicht weiter runter, ich will wieder rauf, auf 7000 Meter. Zum Nordcol. Um dort abermals eine Nacht zu verbringen. Ich muss herausfinden, wie sehr ich meinem Körper mit meinem ungestümen Vorpreschen geschadet habe. Ich weiß, dass ich abbrechen muss, falls diese Nacht ähnlich schwierig werden würde wie diejenige im Lager II auf 7600 Metern.

Beim Aufstieg fliege ich beinahe. Ich fühle mich so gut, dass ich sogar die Sherpas überhole. Was allerdings kein Wunder ist, denn sie tragen schwere Rucksäcke.

Als ich das Zelt im Nordcol erreiche, schaue ich auf die Uhr. Neuer Rekord! Ich benötigte für den Aufstieg lediglich zweieinhalb Stunden. Ich atme auf. Fühle mich glücklich. Meine Akklimatisation scheint doch zu wirken. Fast euphorisch löffle ich meine Nudelsuppe, freue mich auf eine Nacht ganz allein im engen Zelt.

Draußen ist es absolut windstill und eiskalt. Es muss um die dreißig Grad minus sein. Mein Kopf schmerzt nicht. Trotzdem schlafe ich keine Minute. Die Kälte macht mir zu schaffen. Es ist verblüffend, wie viel es ausmacht, ob zwei Menschen im Zelt liegen oder bloß einer. Fast pausenlos reibe ich meine Füße, um sie warm zu halten. Am Morgen habe ich noch immer keine Kopfschmerzen – ich möchte singen, tanzen. Spüre, wie sich die Erleichterung in meinem ganzen Körper ausbreitet. Vor meinem Zelt stehend, lache ich meine Freude in die Welt hinaus. »Danke, Gott, dass du mich mit meinem Leichtsinn so glimpflich hast davonkommen lassen.«

4. Mai 2001. Nach einer weiteren ruhigen Nacht im ABC beschließe ich, zu den andern ins Basislager abzusteigen. Im Intermediate Camp schaue ich bei Santschin vorbei. Wir lächeln uns zu. Er reicht mir eine Tasse Tee, dann zündet er ein Räucherstäbchen an und betet vor einer kleinen Postkarte, auf welcher der Dalai-Lama abgebildet ist.

Im Basislager angekommen, gehe ich sogleich zu Latschu ins Küchenzelt. »Hast du Hunger?«, fragt er und fügt an: »Gut, denn du bist sehr dünn geworden.«

Latschu hat Recht. In den letzten Wochen habe ich wohl nicht nur meine sechs Kilo verloren, die ich mir in der Schweiz als Reserve »angefressen« hatte, sondern noch zwei, drei zusätzliche Kilo. Dass ich Hunger habe, darin allerdings täuscht sich Latschu. Ich habe keinen Hunger, greife aber trotzdem zu. Ich genieße es, mit meinen Kollegen am Tisch zu sitzen, zu blödeln und dabei nicht außer Atem zu kommen. Verglichen mit dem Nordcol, ist die Luft hier unten geradezu dick.

Ich gehe früh in mein Zelt, weiß, dass ich die nächsten Nächte schlafen werde wie ein Murmeltier im tiefsten Winter.

Die paar Tage im Basislager sind wie Ferien. Erholung pur. Erholung? Es ist neu, dass ich mir eingestehe, diese nötig zu haben. Absolut neu. Und hängt wohl damit zusammen, dass ich im Lager II meine Grenzen zum ersten Mal überschritten habe. Davor wusste ich sie immer einzuschätzen. Meine Kraft, Ausdauer und Energie haben mich nie im Stich gelassen – der Mount Everest aber zwingt mich in die Knie.

Mit der Erholung im Basislager ist es jedoch schon bald vorbei. Ich will zurück ins ABC. Erstens, weil ich nur dort die Wetterdaten erhalten kann, die das Schönwetterfenster vorhersagen, zweitens, weil ich mich hier zu weit weg vom Berg fühle, und drittens, weil ich etwas unternehmen muss.

10. Mai 2001. Ich bin wieder im ABC, diesmal mit dem festen Vorsatz, nicht wieder ins Basislager zurückzugehen, bevor ich nicht ganz oben gewesen bin. Das Wetter ist strahlend schön, die Prognosen auf ein baldiges Schönwetterfenster sind perfekt. Am Gipfel gibt es keinen Wind. Ich treffe auf Robert, und wir beschließen, am folgenden Tag weiter ins Nordcol zu steigen, mit dem Ziel, den Gipfel zu versuchen. Ich bin glücklich. Unendlich glücklich darüber, dass mein Traum bald Wirklichkeit werden könnte.

Keine vier Stunden später kommen die Sherpas von 8400 Metern, wo sie das Topcamp eingerichtet haben, zurück ins ABC. Sie sind todmüde. Absolut erschöpft und bringen schlechte Nachrichten. Es habe, erzählen sie, weiter oben den ganzen Nachmittag geschneit. Bei jedem Schritt seien sie bis zu den Oberschenkeln im Neuschnee versunken. Hätten sich wieder rausarbeiten müssen, nur um zwanzig Zentimeter weiter abermals bis zu den Hüften im Weiß zu versinken.

Robert und ich sind gezwungen zu warten. Ich kämpfe mit den Tränen. Ich will rauf, rauf, rauf. Aber alles Aufbegehren, Stampfen und Schimpfen nützt nichts. Der Berg will nicht so, wie ich es will. Ich verziehe mich in mein Zelt, will jetzt nur noch eins: schlafen.

Am Morgen treffe ich die Sherpas im Kochzelt. Wir sprechen über das Wetter und die Fixseile, die der Schnee zugedeckt hat. Sie sind traurig und bedrückt. Aber nicht, weil das Wetter umgeschlagen hat, sondern weil vor elf Tagen einer von ihnen gestorben ist. Babu Chiri. Ein Mann, der am Mount Everest zwei Weltrekorde aufstellte.

Im Mai 2000 stellte er bei seinem zehnten Gipfelerfolg den absoluten Geschwindigkeitsrekord auf. Vom Basislager auf der nepalesischen Seite über den Südsattel bis auf den Gipfel benötigte er weniger als siebzehn Stunden. Ein Jahr zuvor, 1999, war er der erste Mensch, der 21 Stunden auf dem Gipfel verbrachte. Ohne künstlichen Sauerstoff! Eine unglaubliche Leistung. Babu Chiri starb bei seinem elften Mount-Everest-Versuch. Er stürzte, am 29. April 2001, in der Nähe des zweiten Lagers auf der Südseite in eine Gletscherspalte, als er Fotos machen wollte.

Der 34-jährige nepalesische Sherpa ist bei seinen Landsleuten aber nicht allein durch seine Rekorde, seine Stärke und seinen Willen bekannt und beliebt, sondern weil er einen Traum hatte. Er, der selbst nie eine Schule besuchte und sich das Lesen und Schreiben selbst beibrachte, träumte davon, für seine sechs Töchter eine Schule zu bauen. In Taksindu, dem kleinen Dorf, in dem er mit seiner Familie lebte. Das Gebäude steht, aber es fehlt noch immer das Geld, die Schule in Betrieb zu nehmen.

Und ich bin ungeduldig? Das Gespräch mit den Sherpas weist mich in die Schranken.

Der heutige Morgen ist einer der schönsten. Klare Sicht. Keine Wolke am Himmel. Angenehme Temperatur, gleißende Sonne und ein Mount Everest, der über Nacht sein Kleid gewechselt hat, das heißt, er hat es nicht gewechselt, sondern einfach ein neues über das alte geworfen. Über dem steingrauen Felsen trägt der Riese puderzuckerweißen Schnee. Anscheinend arbeitete Frau Holle die ganze Nacht über. Es würde Tage dauern, bis sich der Schnee verfestigt hätte und wir weiter aufsteigen könnten. Hinzu kommt, dass die Wetterprognose für die nächsten Tage schlechtes Wetter und viel Westwind voraussagt. Im Klartext heißt dies: kein Gipfel an meinem 34. Geburtstag, am 17. Mai 2001. Wir müssen weiter warten.

Doch Warten liegt mir nicht. Nicht nur hier. An einem Bahnhof fünf Minuten auf den Zug warten – Horror. Zu Hause auf den Telefonanruf von Sandro, meinem Liebsten, warten – quälend! Am

Fenster auf den Briefträger warten, der mir den Bescheid bringt, ob ich die Anstellung als Helikopterpilotin bekommen habe oder nicht – die reinste Tortur. Und was tue ich nun? Warten. Ausgerechnet. Warten. Warten auf das Schönwetterfenster am Mount Everest.

Meine Tagträume führen mich fort. Fort von Kälte, Höhe und Wind, hin zu meinen Wurzeln. Nach Hause. Ich spüre, wie das Heimweh aufkommt, die Sehnsucht. Schmerz tief drinnen. Ich fühle mich, als wäre ich in Quarantäne. Und das macht durchaus Sinn. Weshalb sollte ich hier nicht noch etwas geläutert werden, bis ich die Muttergöttin der Erde besuchen darf? Ich schaue sie an und spüre, wie mich Chomolungma von meinen Grübeleien ablenkt und ich wieder ins Hier und Jetzt zurückkehre. Warten? Ich weiß, es ist auch ein Warten auf das Leiden am Berg.

Ich bleibe im ABC. Die nächsten Tage sind – wie angekündigt – stürmisch. Und das ist gut. Zum ersten Mal sind wir froh, dass es am Berg stürmt. Der Wind fegt den Neuschnee weg, legt die Felsen frei, sodass wir am Gipfeltag nicht bis zu den Hüften einsinken würden. Und er zwingt mich weiter zur Ruhe. Schlafen, schreiben, diskutieren, trinken, pinkeln, Karten spielen, essen. Es fällt mir schwer zu essen. Bei jedem einzelnen Bissen, den ich hinunterwürge, denke ich: »So, genau so müssen sich gestopfte Gänse fühlen.« Nichts schmeckt. Doch essen ist jetzt wichtiger denn je.

Ich lese. Die Biografie von Antoine de Saint-Exupéry und dessen Frau Consuelo. Unternehme dabei Tagesreisen nach Argentinien, nach Frankreich und fliege über Patagonien hinweg.

Mit jedem Tag akzeptiere ich mehr, dass ich warten muss. Alles hat seine Zeit. Der Zug, der einfährt, das Telefon, das klingelt, der Briefträger, der vorbeikommt. Und hoffentlich auch die Eröffnung von Babu Chiris Schule.

Werde ich geduldiger hier? Tatsache ist, dass mich der Mount Everest zwingt, mich mit mir selbst auseinander zu setzen. So gründlich wie nie zuvor. Mehr als das Klettern, mehr als die Ausbildung zur Bergführerin, mehr noch als die Helifliegerei, die mich auch ganz schön gefordert hatte, besonders während eines viermonatigen Aufenthalts in einer riesig großen Stadt, die mir wie ein Käfig vorkam und – als ob dies nicht schon genug gewesen wäre – in der ich auch noch sitzen musste. Viel sitzen. Still sitzen.

Lernen, wie man einen Helikopter fliegt, das bedeutet Geduld aufbringen und die Schulbank drücken. Ich entschied mich für eine Flugschule in Los Angeles. Wie ich dort überleben sollte, das wusste ich anfänglich nicht. Doch dank des Fliegens ging es sehr leicht. In der Luft zu sein, zu fliegen, ersetzte mir die Natur, die ich in dieser immens großen Stadt so sehr vermisste.

Der Grund, dass mein Traum vom Fliegen in Erfüllung ging, war dem glücklichen Umstand zu verdanken, dass ich überraschenderweise zu Geld kam. Es war so etwas wie ein Lottogewinn. Ich packte die Chance. Dass ich mich entschloss, die Ausbildung nicht in der Schweiz, sondern in Amerika zu machen, war eine spontane Idee. Mir wurde jedoch erst in Los Angeles klar, was ich mir da aufgehalst hatte. Jedes Buch, jede Prüfung, jede Flugstunde – alles war in Englisch. Ich arbeitete hart und hatte eine wunderbare Zeit. Ich konnte sogar still sitzen, zugegebenermaßen aber erst dann, wenn ich mich in aller Frühe im Fitnesscenter ein bis zwei Stunden verausgabt hatte.

Die Fliegerei verzauberte mich. Wie soll ich das erklären? Einen Helikopter in der Luft zu halten, das bedingt hundertprozentige Konzentration. Eine, die ich vom Klettern her kenne, mit dem Unterschied allerdings, dass es am Berg immer wieder Verschnaufpausen gibt. Felsvorsprünge, an denen ich mich ausruhen und den Thymian riechen kann, der aus dem Stein wächst. Diese direkte Verbundenheit mit der Natur macht mich – wenn ich ehrlich bin – noch immer glücklicher als das Fliegen. Es gibt aber etwas, das dies aufwiegt: Es ist die totale Absorption. Fliege ich, dann denke ich an nichts anderes mehr.

Einen Helikopter zu fliegen, bedeutet nicht nur, den Kopf bei der Sache zu haben. Es erfordert viel Feingefühl sowie ein jahrelanges Training. Die Gefahren lauern überall. Warmes Wetter und Feuchtigkeit können sich massiv auf die Leistungsfähigkeit eines Helis auswirken. Kann ich an einem kalten Wintertag auf einem Landeplatz auf 3200 Metern landen, ist dies mit derselben Maschine und gleich vielen Passagieren an einem heißen Sommertag nur bis 1800 Meter möglich.

Ein anderes großes Problem sind die vielen gespannten Kabel, besonders in der Schweiz. Einige davon sind nirgends auf einer Karte eingezeichnet. Ein ehemaliger Arbeitskollege fand wegen eines solchen Kabels den Tod. Er war auf einem Rettungsflug.

Den Himmel gibt es in der Fliegerei als solchen nicht. Er ist in der Schweiz in vier verschiedene Lufträume eingeteilt, die mit C, D, E und G gekennzeichnet sind. Und wehe, man hält sich nicht an die Vorgaben, dann setzt man seine Lizenz aufs Spiel.

Die größte Aufmerksamkeit erfordert jedoch das, was man gesetzlich nicht regeln kann, was für mich aber die Essenz des Fliegens bedeutet: Aufwind, Abwind, Böen. Luft ist wie Wasser. Wind wie ein reißender Fluss. Was ich beim Helifliegen suche, ist die Balance. Sei es beim Starten, Landen, Schweben, Fliegen. Wer die Muße hat, Dohlen in ihrem Flug zu bewundern, kann dies beobachten. Mit minimalsten Bewegungen ihrer Flügel steuern sie durch Luft und Wind, nutzen jede Nuance aus, spüren jede Strömung auf, schweben, segeln, ja surfen in, mit und durch die Luft. Von dieser Leichtigkeit, von dieser Kunst können wir Menschen nur träumen. Wir benötigen Hilfsmittel, um fliegen zu können. Der Heli ist solch ein Hilfsmittel. Jeder Helikopter hat einen eigenen Charakter. Jede Lama beispielsweise, jeder Jet Ranger, jede Alouette und jedes Eichhörnchen – so heißt die Ecureuil auf Deutsch – hat seine Eigenart. Als Pilot entwickelt man eine Beziehung zu dem Heli, den man fliegt. Je länger man mit ihm arbeitet, desto besser kennt man ihn und desto besser führt man ihn. Es ist total spannend, sein Verhalten, seine Marotten herauszuspüren und seine Eigenschaften kennen zu lernen.

Zurzeit fliege ich die meisten Flugstunden auf dem Jet Ranger und der Ecureuil. Mit dem Jet Ranger hatte ich anfänglich Mühe, doch inzwischen habe ich ihn kennen gelernt, schätze sogar seinen trägen Charakter. Er wird im Flug zu einem Teil von mir. Das muss so sein, denn ein Heli fliegt – anders als ein Flugzeug – nie von alleine. Ein Moment der Unachtsamkeit kann verheerende Folgen haben. Ein Heli verzeiht keinen Fehler. Er gleicht einem Ball, den man auf dem Finger balanciert. Lässt man diesen auch nur für einen kleinen Moment aus den Augen, fällt er zu Boden. Ich muss mich zu hundert Prozent auf die Reaktionen des Helis konzentrieren und bin ständig darauf bedacht, behutsam mit ihm umzugehen.

Vergesse ich als Bergführerin, den Höhenmesser zu stellen, und verirre ich mich im Nebel, kann ich eine Pause einschalten, mich hinter einen Stein zurückziehen. Mich sammeln. Mir Zeit lassen. Und mittels Karte und Kompass die ungefähre Höhe eruieren, um die Gruppe mit neuer Selbstsicherheit ins Tal zu führen. Die Berge fordern nicht nur viel Zeit. Sie geben mir auch welche.

Beim Helifliegen bleibt keine Zeit. Beim Helifliegen ist es immer jetzt. Sofort. Ständig gehe ich in Gedanken meine Checklisten durch. Frage mich, wo ich zwischen Häusern, Hochspannungsleitungen, Wald und Straßen notfalls landen könnte. Dank Autorotation innert Sekunden. Ich muss im richtigen Moment wissen, was zu tun ist. Misslingt Plan A, muss ich ihn innert Sekundenbruchteilen durch Plan B ersetzen können. Es ist richtig, dass die Helikopterfliegerei ein großes Risikopotenzial in sich birgt, aber es entscheidet jeder für sich, wie viel Risiko er eingehen will.

Ich habe – nach zwei Jahren Ausbildung – seit 1999 die Berufspilotinnenlizenz. Um eine reelle Chance auf dem Arbeitsmarkt zu haben, brauche ich aber nicht nur eine Lizenz, ich brauche vor allem Erfahrung. Und Erfahrung im Helibusiness bedeutet tausend Flugstunden! Mindestens.

Obwohl ich mir nach meiner Ausbildung über die geringen Chancen einer Anstellung im Klaren war, erhoffte ich mir doch, baldmöglichst eine Stelle zu finden. Ich setzte mich hin und bewarb mich bei allen Helikopterfirmen der Schweiz. Von einigen erhielt ich Absagen, von andern überhaupt keine Antwort. Ich hatte damit gerechnet – enttäuscht war ich dennoch.

Aber ich rappelte mich wieder hoch und entschloss mich, die Sache selbst in die Hand zu nehmen – ich gründete ein eigenes Unternehmen. Die »Peak Helicopter«. Meine Idee war es, den Touristen Sonnenaufgänge und Sonnenuntergänge zu zeigen, sie vor der berühmt-berüchtigten Eigernordwand schweben zu lassen und daneben als Lufttaxi Fallschirmspringer abzusetzen.

Diese touristischen Flüge stelle ich – das muss ich zugeben – in Frage, aber um meine fliegerische Zukunft zu gestalten und um mich als Unterlastpilotin weiterzubilden, musste ich eine Möglichkeit finden, Flugstunden zu sammeln. Ich behaupte, dass alle Transport- und Rettungspiloten mit touristischen Flügen Flugerfahrung gesammelt haben. Notgedrungen – jede Medaille hat eine Kehrseite.

Mit meiner Philosophie am Berg, mit der Ruhe und Einsamkeit, die ich dort so sehr schätze, lassen sich die touristischen Helikopterflüge sicher nicht vereinbaren. Aber sie sind die einzige Möglichkeit, diejenigen Erfahrungen zu sammeln, die mich zu einem Profi werden lassen. Junge Piloten brauchen nicht nur die Unterstützung erfahrener Piloten, sie brauchen auch die Möglichkeit, an immer anspruchsvolleren Aufgaben wachsen zu können.

Für die Verwirklichung meiner Idee benötigte ich eine Helibasis und einen Helikopter. Also stellte ich mein Konzept meinem alten Arbeitgeber vor. Ich war unglaublich gespannt, wie man darauf reagieren würde. Nun, man schlug die Hände über dem Kopf zusammen und teilte mir mit, dass auf dem Flugplatz keine Kapazitäten zur Verfügung ständen. Also wandte ich mich an eine andere Helikopterfirma im Wallis, die mehrere Helibasen in der Schweiz besitzt, auch eine im Berner Oberland. Man war auch dort nicht gerade begeistert von meiner Idee, aber immerhin zeigte man sich interessiert, so sehr, dass ich nach dem Meeting gleich die Flucht nach vorne ergriff.

Ich druckte Briefpapier und Flugblätter und rührte die Werbetrommel. Alle Reisebüros, alle Campingplätze, alle Hotels im Umkreis von fünfzig Kilometern bekamen es mit mir zu tun: »Guten Tag, hier Binsack, ich bin Helikopterpilotin, eröffne ein eigenes Unternehmen und möchte bei Ihnen anfragen, ob Sie an Unterlagen interessiert wären, die Ihre Gäste über mein Angebot informieren.«

Die Euphorie nährte meinen Geist, nicht jedoch meinen Körper, also verdiente ich neben meinem Engagement für meine neue Firma noch Geld als selbstständige Bergführerin. Am Morgen nahm ich in Grindelwald meine Gäste in Empfang, fuhr mit ihnen zum Jungfraujoch, machte von dort aus eine Tour, brachte sie abends zur Hütte, ging zurück zum Joch. Dort nahm ich die Bahn bis zur Kleinen Scheidegg, wo ich am Morgen mein Mountainbike deponiert hatte. Damit fuhr ich zur Helibasis zu einer weiteren Besprechung mit dem Basischef. Dann ging ich – nein – nicht ins Fitnesscenter, sondern fuhr mit dem Velo wieder zurück auf die Kleine Scheidegg. Von da stieg ich zu Fuß zur Station Eigergletscher, wo ich ein paar Stunden schlief, bevor ich morgens um vier Uhr aufstand, um von 2320 auf 3450 Meter durch den Stollen ins Jungfraujoch zu joggen. Als ich dort ankam, nahm ich meine Gäste – für eine weitere Tagestour – wieder in Empfang. Ich strotzte vor Energie, der Gedanke an mein eigenes Heliunternehmen ließ mich ohne Rotoren fliegen.

Endlich hatte ich alle Abklärungen mit der Basis getroffen, sodass ich mit dem Chef über den Helikopter reden konnte. Er meinte, ein Kleinheli, der nicht viel Lärm mache, wäre das Richtige. Also ging ich auf die Suche nach einem Jet Ranger. Einen solchen in der Schweiz zu finden, war sehr schwierig. Ich denke, dass man mir keine großen Chancen einräumte.

Nun, ich ließ meine Beziehungen in der Helibranche spielen, machte tausendundein Telefonat und fand ihn tatsächlich. Einen Jet Ranger! Sein Besitzer war in großer Geldnot und mehr als bereit, ihn mir zu vermieten.

Auf dem Weg nach Hause schrie ich mein Glück zum Autofenster hinaus. Es war unglaublich, ich hatte die Infrastruktur beisammen. Einen Heli, eine Basis, wo ich nicht nur Kerosin tanken konnte, sondern wo ein Mechaniker zur Verfügung stand, der sich des Helikopters alle paar Stunden annehmen konnte. Außerdem hatte ich meine Berechnungen, die mir schwarz auf weiß versicherten, dass sich sogar Geld verdienen ließ.

Ich fühlte mich so frei und froh und getragen, wie ich mich sonst nur nach einer schwierigen Route auf einem Gipfel fühle, allerdings nicht ganz so erschöpft.

Leider musste ich bald einsehen, dass ich nicht oben auf einem Berggipfel stand, sondern auf einem Kartenhaus: Die bereits vorbereiteten Verträge wurden nie unterzeichnet. Es gab zwei Gründe dafür. Zuerst verlor ein Pilot einer anderen Basis bei einem Helikopterabsturz in der Nähe von Les Diablerets sein Leben. Ein paar Tage später forderte ein Helikopterunfall bei Beuson, im Walliser Val Nendaz, acht Tote und vier Schwerverletzte. Die beiden darin verwickelten Helikopter gehörten der Hauptfirma im Wallis. Die Zeitungen waren voller Schlagzeilen, und die Firma war in aller Munde. Sie zog sich von unserem Geschäft zurück. Mehr als verständlich. Der Basischef tat mir in dem Moment mehr Leid, als ich mir selbst Leid tun konnte.

Meinen Traum vom eigenen Heliunternehmen träume ich aber noch immer, und ich suche nach wie vor nach einem Ausweg.

Erika Binsack, Mutter

Sackgassen gibt es für Evelyne keine. Wenigstens scheint mir das so. Sie findet immer einen Weg, der sie weiterführt. Das hat sicher damit zu tun, dass sie eine Kämpfernatur ist. Und bestimmt damit, dass sie weiß, was sie will.

Es kam nicht überraschend, dass Evelyne Helikopter fliegen lernen wollte. Es war nach ihrer Arbeit als Flughelferin eine logische Folge.

Als sie noch mit Ferdi zusammen war und die beiden zu Besuch kamen, sagte Ferdi oft zu mir, sie habe Talent zum Fliegen. Ich glaube, manchmal ließ er sie sogar an den Steuerknüppel. Obwohl das ja sicher verboten ist.

Das erste Mal, als mein Mann und ich mitfliegen durften, zeigte Evelyne uns den Eiger und die Jungfrau. Das zweite Mal flog sie mit uns Richtung Petersgrat und versuchte, dort zu landen. Sie war aber zu hoch, also startete sie durch, flog weiter, einen anderen Gipfel an.

Nervös? Nein, ich war nicht nervös, ich genoss es. Schließlich hatte sie schon unzählige Landungen gemacht, nur ist es ein Unterschied, ob man im Tal oder auf einem Gipfel aufsetzt. Sie musste das üben. Und zwar nicht allein, sondern mit einem voll besetzten Heli. Sie musste lernen, wie der schwere Heli reagiert.

Die Landungen gelangen immer besser. Schließlich setzte sie die Kufen so sachte und sanft auf, wie ich es nie für möglich gehalten hätte. Sie hat ein Gespür dafür. Dann hob sie wieder ab, flog weiter, setzte auf, übte und übte und übte, und irgendwann sagte mein Mann, das nächste Mal spiele er nicht mehr Versuchskaninchen. Er hat den Tag aber mindestens so sehr genossen wie ich.

Als Evelyne klein war, war sie viel schwieriger als ihre Schwester Jacqueline. In der Pubertät auch. Ich glaube, es fiel ihr schwerer als anderen Jugendlichen, ihren Weg zu finden. Obwohl sie in dieser Zeit sehr eigenwillig war, schenkte ich ihr immer mein Vertrauen. Ich ließ sie an der langen Leine laufen, spürte intuitiv, sie braucht

Auslauf, um sich zu entwickeln. Leicht gefallen ist mir das nicht, aber ich wusste immer, dass es gut kommen wird.

Evelyne ist nach wie vor ein Energiebündel. Ist sie bei uns zu Besuch und bleibt über Nacht, höre ich sie morgens um fünf Uhr aus der Wohnung gehen, um zu joggen. Kommt sie zwei Stunden später zurück, ist sie nicht ausgepumpt, sondern glücklich. Beim Frühstück frage ich sie oft, ob sie nicht Lust hätte, mal auszuschlafen. Ihre Antwort ist immer dieselbe: »Mum, schlafen kann ich noch lange genug, wenn es mich nicht mehr gibt. Heute lebe ich.«

Sie mag es nicht, wenn man ihr dreinredet. Das war schon früher so. Und heute ist es erst recht so. Sandro macht das gut, er lässt ihr ihre Freiheit, lässt sie in Ruhe. Ich versuche das auch. Aber als sie uns nach ihrer Rückkehr vom Mount Everest – Gott sei Dank mit allen Fingern und Zehen – bei einem Nachtessen sagte, sie wolle nochmals hoch, und zwar ohne Sauerstoff, da musste ich einfach etwas sagen. Denn ein solches Unterfangen wäre für mich eine Katastrophe geworden.

Ich sagte: »Evelyne, ein zweites Mal habe ich nicht die Kraft, dich zu tragen.« Sie verstand, was ich damit meinte. Tragen – das waren die guten Gedanken, die ich ihr immer wieder auf den Mount Everest geschickt hatte, das waren meine Gebete. Ich spürte immer, wenn es ihr nicht gut ging dort oben. Als sie wegen der Höhendifferenz im Lager II unter starken Kopfschmerzen litt, fühlte ich das und wusste, jetzt ist es Zeit, in die Kirche zu gehen, um eine Kerze für sie anzuzünden.

Ich bin in einer Bauernfamilie aufgewachsen. Der Glaube hat uns über vieles hinweggeholfen. Ich versuchte, mein Gottvertrauen an meine Töchter weiterzugeben. Nicht frömmlerisch. Ich bin auch nicht esoterisch. Was mich fasziniert, das sind die Überlieferungen – die Rituale. Das Weihwasser gehört dazu. Es war mir immer wichtig, meine Kinder mit dem Gottessegen zu versehen, wenn sie aus dem Haus gingen. Dass ich Evelyne Weihwasser mit auf den Mount Everest gab, war denn auch nicht nur als Schutz für sie gedacht, sondern auch als Beruhigung für mich. Evelyne – ich weiß es, und sie weiß es auch – hat einen guten Schutzengel.

Jetzt will sie das Dreigestirn – so nennt sie ihr neues Abenteuer – anpacken. Mount Everest–Nordpol–Südpol. Gutheißen kann ich auch das nicht, aber wenigstens ist jetzt der Everest ohne Sauerstoff vom Tisch. Und weil ich spüre, wie wichtig es ihr ist, abermals aufzubrechen, werde ich sie in ihrem Vorhaben unterstützen.

Mein Mann hat Evelyne gesagt, wenn sie allein zum Nordpol wolle, dann müsse sie zuvor schießen lernen. Und Evelyne hat das quittiert. »Ja«, sagte sie, »das muss ich wohl.« Und ich fragte: »Willst du Eisbären schießen?« Sie lachte herzlich. »Nein, Mum«, erwiderte sie, »ich will sie nur erschrecken, wegscheuchen.« Ein mulmiges Gefühl bleibt aber doch.

Ich bin spät Mutter geworden. Jacqueline bekam ich mit 38, Evelyne mit vierzig. Zuvor machte ich als gelernte Damenschneiderin in der Modebranche Karriere. Ich war im Einkauf tätig und reiste oft ins Ausland. Paris, Berlin, Düsseldorf, München.

Als ich Raymond kennen lernte, wusste ich, dass ich für neue Lebensperspektiven bereit war. Ich machte eine Kehrtwendung. Wurde Hausfrau und Mutter. Meine Entscheidung habe ich nie bereut. Alles hat seine Zeit.

Als ich vor kurzem mein Büro aufräumte, fand ich ein Gedicht, das ich Evelyne zu ihrem zwanzigsten Geburtstag geschrieben habe. Ich wünschte ihr darin Erfolg für den Achttausender – offensichtlich hat sie schon damals davon gesprochen. Das ist typisch für Evelyne. Hat sie ein Projekt, dann verfolgt sie es. Und – sie kann warten. Im Großen allerdings besser als im Kleinen. Das jahrelange Warten auf den Mount Everest ist ihr unter Garantie leichter gefallen als das wochenlange Warten am Everest selbst.

Hier im ABC verbindet die Menschen definitiv dasselbe: Hoffnung, Unsicherheit, Angst, Zweifel, Zuversicht. Und – das lange Warten.

17. Mai 2001. Robert und ich werten mit Russell und den Bergführern den Wetterbericht für die nächsten Tage aus. Das Modell aus der Schweiz wird verglichen mit den Modellen der Briten und Schweden. Jedes zeigt andere Windstärken, Temperaturen und Niederschlagsmengen. Kein Wert stimmt mit den andern überein. Egal. Wir haben wenigstens Werte.

Die beiden Schweizer Ernst Schmied und Jürg Marmet mussten, als sie am 23. Mai 1956, als zweite Seilschaft überhaupt, auf dem Mount Everest standen, weitgehend auf Wettervorhersagen verzichten.

Ernst Schmied hat damals von der Gipfelregion ein Andenken mitgebracht. Einen Stein, den er mir, bevor ich abreiste, per Post zukommen ließ, mit der Bitte, ihn der Muttergöttin der Erde zurückzubringen. Seit ich ihn habe, betrachte ich diesen kleinen, grauen Stein als meinen Glücksbringer. Es ist tröstlich, einen Stein bei mir zu wissen, der von dort kommt, wo ich hinmöchte. Doch mir scheint, als wolle er nicht mehr zurück auf 8850 Meter, sondern als fühle er sich bei mir wohl – ich kann das nicht erklären.

Während der nächsten Tage vergleichen wir die zweimal täglich eintreffenden Wetterprognosen, werten die Angaben aus – warten.

Dann, endlich, haben wir es schwarz auf weiß. In ein paar Tagen wird die Temperatur steigen, Monsun und Jetstream werden die Plätze tauschen – der Mount Everest wird am 22., 23. und 24. Mai sein Wetterfenster öffnen. Allerdings nur kurz, denn bereits am 26. Mai zeichnet sich die nächste Schlechtwetterfront ab. Fenster zu. Das nächste Mal gelüftet wird frühestens in einem Jahr.

Das stimmt nicht ganz. Denn wenn der Monsun irgendwann im August, September oder Oktober wieder abzieht und dem Jetstream

Platz macht, gibt es die so genannte reversible Wetterform. Ein zweites Schönwetterfenster. Es gibt ein paar wenige Leute, die den Mount Everest in dieser Zeit besteigen. Sie haben dann sehr viel mehr Ruhe am Berg, wärmeres Wetter und weniger Wind, dafür aber ein riesiges Problem: viel, viel Schnee.

Ich weiß nicht, wie viele Leute mit uns am Berg sind, um die kommende Schönwetterphase auszunutzen. Eines aber ist sicher, es wird an den kritischen Stellen eng werden.

Robert und ich beschließen, den Gipfel am 23. Mai zu versuchen. Wir besprechen unsere Entscheidung mit Russell. Er hat für seine Leute denselben Tag gewählt, obwohl er weiß, dass der 23. Mai im tibetischen Kalender als «schlechter Tag» gilt. Es sei ihm nicht wohl bei der Sache, er werde sich mit den Mönchen im Rongbuk-Kloster zusammensetzen und sie um Rat fragen, sagt er uns. Was er dann allerdings nicht getan hat.

Am Nachmittag entferne ich mich ein kurzes Stück vom ABC, um allein zu sein. Ich bin heute unausstehlich, gehässig. Den Grund dafür kenne ich nur zu gut: Seit mehreren Tagen lebe ich auf Sparflamme, unternehme keine Touren, »spaziere« höchstens mal eine halbe Stunde, mache ein paar Kniebeugen und Liegestützen. Offensichtlich habe ich zu viel Energie aufgestaut, und heute, heute läuft das Fass über. Schon länger habe ich sie nicht mehr gespürt, die Ameisen in meinem Körper. Nun krabbeln und jucken, stören sie wieder. Ich fühle mich wie ein Dampfkochtopf, der schon ewig pfeifend darum schreit, dass man ihn endlich von der heißen Herdplatte nimmt. Ich packe meinen Rucksack mit Steinen voll. Schwer soll er sein, um mir die überschüssige Energie von den Schultern zu nehmen. Dann gehe ich los. Schritt um Schritt meinem innersten Ich, meinem Zentrum entgegen, werde langsam wieder ruhiger.

Als ich zurückkomme, höre ich Stefan Gatt in seinem Zelt Gitarre spielen. Jenen Österreicher, der – wie Marco Siffredi aus unserem

Team – als Erster auf dem Snowboard den Mount Everest hinunterfahren will. Ich schaue bei ihm rein, er freut sich, sagt: »Happy Birthday« und zaubert einen kleinen Geburtstagskuchen auf den Tisch. Für einen kurzen Moment bin ich sprachlos – ich habe meinen 34. Geburtstag vergessen. Er nicht. Ich setze mich zu ihm und schneide den Kuchen an. Er ist so trocken, dass er unter meinen Händen zerbröselt. Wir lachen und singen, ich vergesse die Zeit und komme zu spät zum Abendessen ins Gemeinschaftszelt. Kaum habe ich es betreten, komme ich aus dem Staunen nicht mehr heraus. Russell, die Sherpas und einige der Teammitglieder haben das Zelt mit Ballons geschmückt. Zu meinem Geburtstag! Gaslampen spenden zartes Licht. Auf dem Tisch steht mein Lieblingsmenü. Pasta, einfach Pasta. Gekocht vom ABC-Koch Ram. Es wird ein gemütlicher Abend. Das kleine Fest, so scheint mir, löst bei vielen etwas von dem Druck, unter dem wir alle stehen.

Unsere gute Laune wirkt ansteckend, bald kommen die Kolumbianer dazu – bringen gar einen Kuchen für mich mit. Dann erscheinen die Franzosen, später die Schotten, die Amerikaner und Australier. Schließlich die Spanier und Österreicher. Das Zelt ist bald randvoll. Mit lieben Menschen und guter Laune. Unsere bevorstehende Aufgabe, die Sorge, ob jeder das Ziel erreichen würde, rückt für ein paar Stunden in den Hintergrund. Stefan Gatt, der inzwischen auch dazugekommen ist, spielt Gitarre. Wir tanzen, lachen, feiern. Singen Schweizer Lieder. »Vo Luzärn gäge Wäggis zue« beispielsweise und dazwischen in voller Lautstärke »Nach ufe, nach abe, nach rächts, nach links, nach füre, nach hindäre, nach rächts, nach links«. Alle singen mit. Kolumbianer, Amerikaner, Spanier – alle. Multikulti. Ja, wir trinken auch. Obwohl wir das eigentlich nicht tun sollten, trinkt es sich ziemlich leicht. Leben. Jetzt.

Der Einzige, der fehlt, ist Andy. Er schaut nur kurz herein, um mir zu gratulieren. Sein Husten plagt ihn noch immer. Heilen wird dieser hier oben nicht. Andy müsste eigentlich runter. Aber er will nicht. Er will rauf. Genau wie wir alle. Die Höhe. Was ist es, was uns an ihr so fasziniert?

Dr. Jürg Marmet, erster Schweizer auf dem Mount Everest

Die Höhe. Ja, sie fasziniert. Aber so unterschiedlich wie die Menschen, so unterschiedlich ist ihre Motivation, in sie einzutauchen. Ich stieg und steige noch heute – als 75-Jähriger – in die Höhe, weil ich mich gerne wie ein »Butterfly« fühle. Eine Empfindung, die mich in ihrer ganzen Intensität dann erreicht, wenn ich über einen Grat klettere. Links und rechts umfächelt von Luft, erlebe ich hier die Illusion, fliegen zu können. So leicht und zart und dabei so unbeschwert wie ein Schmetterling.

Stehe ich auf dem Gipfel, fühle ich mich wie ein Vogel. Nicht wie einer, der fliegt, sondern wie einer, der auf der Spitze einer Tanne sitzt – die Umwelt zu Füßen. Dieses Gefühl durfte ich auf den Tag genau 45 Jahre vor Evelyne Binsack besonders intensiv erleben. Als dritter Mensch auf dem Mount Everest.

Dabei war ich gar nicht für den Gipfel vorgesehen. Sondern hätte als Sauerstoffverantwortlicher nur bis ins Basislager mitgehen sollen. Aber irgendwie stieg ich, trotz meines Herzfehlers, immer höher hinauf. Was der Arzt vorausgesagt hatte – ich bekäme mit zunehmender Höhe Probleme mit meiner Pumpe –, entpuppte sich als das genaue Gegenteil. Mein Herz fühlte sich in der Höhe sehr wohl. Und so stieg ich immer höher. Bis ich eines Tages – zusammen mit Ernst Schmied, den wir Berner Aschi nannten – oberhalb des Südsattels stand und das Lager sieben einrichtete. Wir verbrachten die Nacht dort oben. Der Wind wehte. So stark, dass uns der Treibschnee zuschüttete. Mit dem Deckel einer Konservenbüchse schaufelte ich uns frei. Aschi ist damals fast erstickt.

Als sich am folgenden Morgen die ersten Sonnenstrahlen zeigten, war der Schreck der Nacht vergessen. Das Wetter war strahlend schön, die Tür zum Mount Everest stand weit offen. Ich sagte zu Aschi: »Komm, wir gehen rauf.« Also gingen wir hoch und standen bei schönstem Wetter und in fast absoluter Windstille auf dem höchsten Punkt der Erde. Dank des Sauerstoffs, den wir beim Aufstieg verwendet hatten, konnten wir die Vogelperspektive mit all unseren Sinnen neunzig Minuten lang genießen. Wir schauten nach Tibet, sahen dank der trockenen Luft, die eine außerordentliche Fernsicht ermöglichte, die Annapurna, den Dhaulagiri, den Kangchenjunga.

Als ich wieder zu Hause war, empfand ich die Besteigung des Mount Everest als eine weitere von vielen wunderbaren Touren, die ich schon erleben durfte. Das ist keine Koketterie! Die Motivation, überhaupt auf einen Gipfel zu steigen, ist und war für mich immer dieselbe: Nach einem schönen Aufstieg empfinde ich immenses Glück.

Alpinisten werden von unterschiedlichsten Zielen in die Höhe gezogen. Es gibt solche, die machen auf Wettbewerb, wollen auf schwierigsten Routen und unter möglichst schwierigen Bedingungen nach oben kommen. Nicht, um den Moment zu erleben, sondern um sich danach selbst auf die Schulter zu klopfen. Anderen hingegen geht es beim Bergsteigen nicht bloß um die Leistung, sondern um das Empfinden von Freude und Glück, das Erleben schöner Augenblicke, die sich am Fels oder auf Graten und Gipfeln bieten. Während meiner Tätigkeit als Bergführer, womit ich mein Chemiestudium finanzierte, versuchte ich meinen Gästen all dies zu vermitteln.

Das Problem für die erstgenannte Gruppe besteht darin, dass heute immer größere Leistungen erbracht werden müssen. Alle vierzehn Achttausender beispielsweise oder andere Extremtouren an der Grenze zwischen Leben und Tod. Viele Alpinisten können ihre »Heldentaten« allerdings nicht mehr am Stammtisch, sondern nur noch dem lieben Gott höchstpersönlich erzählen.

Als Folge der heutigen Profilierungssucht wird weltweit nicht nur geprahlt, es wird auch gelogen. Im Nachhinein ist der gefangene Fisch eben auch in den Bergen viel größer.

Das macht mich wütend. Genauso wie die Debatte um »by fair means«, um das Bergsteigen ohne Hilfsmittel. Gut, man kann ohne Sauerstoff gehen. Der Preis dafür ist hoch. Man zahlt ihn nicht nur im Nachhinein mit Gedächtnislücken und allenfalls abgefrorenen Gliedmaßen, sondern auch mit der Unfähigkeit, das Glück des Augenblicks überhaupt empfinden zu können. Die Unfähigkeit zu denken, zu spüren und den Moment wahrzunehmen, sowie dieses schreckliche Gefühl, von einer fremden Macht gesteuert zu werden, hat Reinhold Messner in seinem Buch »Everest – Expedition zum Endpunkt« fast zu ehrlich beschrieben.

Das komplexe Thema »by fair means« lässt mich zum Zyniker werden: Wenn man schon ohne Hilfsmittel wie Sauerstoff steigen will, warum verzichtet man dann nicht auch auf Steigeisen und Seile, auf Pickel und Daunenanzüge?

Ich warte auf den Tag, an dem der erste Mensch nackt auf den Mount Everest steigt – wobei ich seine Konkurrenten jetzt schon höre: »Das Einsetzen von langen Finger- und Zehennägeln als Frontzacken ist unfair.«

Unfair – zugegeben –, vielleicht bin ich es auch. Die Gnade der frühen Geburt ließ mich noch Pionierarbeit leisten. Nicht nur am Mount Everest, auch in der Arktis.

Die Erstbesteigung des Mount Everest war eine große Pionierleistung. Begonnen hat sie zwischen 1921 und 1938. Sieben britische Teams und ein Einzelgänger, Maurice Wilson, auch ein Brite, versuchten, das damals Unmögliche möglich zu machen – die ersten Teams noch in Kittel und Krawatte. Der Zweite Weltkrieg und die wechselnden politischen Verhältnisse in Tibet und in Nepal unterbrachen diese erste Versuchsreihe, in der Mallory und Irvine dem großen Ziel am nächsten kamen.

1950 erwachte das Interesse am Mount Everest erneut. Zwei Jahre später standen die ersten Schweizer am höchsten Berg der Welt. Die Expedition mit dem Bergführer Raymond Lambert scheiterte vor allem an den nicht höhentauglichen Sauerstoffgeräten. Aber sie hatten den Beweis erbracht, dass der Mount Everest über die Südroute begangen werden konnte, da sie – als erste Menschen überhaupt – den Khumbu-Gletscher überwunden hatten. Die Schweizer wurden damals von Sherpa Tensing begleitet, der noch nicht wissen konnte, dass er ein Jahr später zu seinem Erfolg kommen würde.

Sherpa Tensing war übrigens einer der ersten von vielen Sherpas, die in die Schweiz kamen, um hier klettern zu lernen. Damals lernte ich ihn nicht nur persönlich kennen und schätzen, sondern kletterte auch mit ihm zusammen in den Engelhörnern.

Aber zurück zu den gescheiterten Schweizern: Ihre Vorarbeiten waren das Glück der Engländer. Dank des von ihnen begehbar gemachten Khumbu-Eisfalls gelangten die Briten 1953 über die Südroute zum höchsten Punkt der Erde. Lord Hunt, der die Expedition von Tensing und Hillary geleitet hatte, war – real British – sehr fair, als er meinte: »Wir sind auf den Schultern der Schweizer auf den Gipfel gestiegen.«

Heute ist die Zeit der Pioniere vorbei – die der Pionierinnen noch nicht ganz. Wie man am Beispiel Evelyne Binsack sehen kann. Ich freue mich sehr über ihren Erfolg. Ernst Schmied hat ihr diesen so sehr gewünscht, dass er ihr einen Talisman mitgab. Aschi ist Ende März 2002 gestorben.

Dass ich zu klettern begonnen habe, hatte nichts, aber auch gar nichts mit der Faszination der Höhe zu tun, sondern mit den vier Jahreszeiten. Für mich hätte es – ich war damals in Engelberg in der Lehre – nur Winter geben können. Das ganze Jahr über Winter, das wäre perfektes Glück gewesen. Schuld daran war meine Lehrmeisterin, die mich ermutigte, die Skilehrerausbildung zu machen. So lernte ich neue Freunde kennen und entdeckte nicht nur meine Freude am Skifahren wieder, sondern auch meine Begeisterung für Skitouren. Mit Kollegen auf einen Berg hinaufzufellen – wir machten dabei ständig Wettrennen –, völlig erschöpft oben anzukommen und den mit Leckereien gefüllten Rucksack zu plündern, war die eine gute Seite. Die andere war die stiebende Abfahrt. Das Dessert. Vor mir das unberührte Schneefeld. Pulver und Billionen von Kristallen, die – lupenrein – in der Sonne glitzern, als Spiegelbild einer sternklaren Nacht. Links und rechts meine Kollegen. Ein kurzer Blick noch, und dann los. Zöpfe in den Schnee flechten. Spüren, wie der Schnee mich trägt, federweich. Schweben. Fliegen. Glück. Jauchzen.

Doch dann kam der Frühling. Und die Sonne fraß alles weg. Schnee und Kristalle und Jauchzer und Glück. Ich musste mir etwas Neues einfallen lassen. Meine Kollegen kamen mir zuvor, sagten, nun sei die Zeit zum Klettern gekommen. Klettern? Ich holte das Seil meines Vaters aus der Ecke, wo er es hingelegt hatte, als er eine Familie bekam. Und ich ging mit, war von der Kletterei anfänglich aber alles andere als begeistert. Der Fels bremste mich, doch schon nach wenigen Klettertouren ließ er mich die Langsamkeit entdecken.

Ich machte schnell Fortschritte und kletterte bereits nach kurzer Zeit den sechsten Grad. Rotzfrech. Keine Angst. Nie. Bis eines Tages passierte, was passieren musste: Mein Fuß rutschte aus, und ich flog. Flog und flog und schlug dabei immer wieder gegen die Felswand, bis ich, frei hängend, im Seil landete. Vom Scheitel bis zum kleinen Zeh tat mir alles weh. Aber ich hatte meine Lektion gelernt. Die nächsten Touren machte ich im Nachstieg und ließ meine Kletterpartner vorsteigen.

Beim Vorstieg klettert ein Bergsteiger voraus und hängt das Seil bei vorhandenen Sicherungspunkten ein oder bringt selbst solche an. Stürzt er im Vorausstieg, fällt er minimal die doppelte Höhe zum letzten Sicherungspunkt – plus zwei, drei Meter durch die Seildehnung. Ein solcher Fall kann zwei Meter sein, drei, zehn, zwanzig, dreißig, je nachdem, wie viel Risiko man einzugehen bereit ist. Der Nachsteigende dagegen ist mit seinem – nun oben stehenden – Kletterpartner durch das Seil verbunden. Stürzt er, stürzt er nur kurz ins Seil.

Ich war damals, 1984, erst siebzehn und in einer noch nicht sehr bekannten Sportart als eine der wenigen Frauen eine Exotin. Es störte mich nicht nachzusteigen. Es war damals selbstverständlich, dass Männer vor- und Frauen nachstiegen. Ich liebte die Kollegialität, wir waren eine gute Gruppe. Waren ein Team. Ich liebte das Miteinander. Mir wurde erst jetzt klar, wie sehr mir das Gegeneinander in der Leichtathletik zuwider gewesen war.

Ich wurde besser und besser, konnte mich immer unverkrampfter bewegen. Ich bekam Hornhaut an den Fingern und entwickelte meine Muskeln. Bald verlagerte ich meinen Schwerpunkt, ohne dabei nachdenken zu müssen. Spürte kleinste Leisten auf, an denen ich mich hochziehen konnte. Gewann mehr und mehr Vertrauen in meine Füße. Meine Bewegungen wurden fließend und geschmeidig – ich begann, mit dem Felsen zu spielen. Presste mich an ihn, stieß mich von ihm weg, berührte ihn sanft, packte zu.

Erde, Wasser, Feuer, Luft. Ich entdeckte ein fünftes Element: Fels. In ihm entwickelte ich – Kletterroute um Kletterroute – mehr und mehr Selbstvertrauen.

Und dann, 1986, kam meine erste große Wand in Chamonix. Die Westwand der Petites Jorasses. Heute macht sie keine großen Schwierigkeiten mehr, da sie über die Jahre hinweg immer besser abgesichert worden ist. Damals war sie eine Herausforderung.

Ich hatte Angst vor ihr. Die Nacht vor dem Einstieg verbrachte ich in der Lechaux-Hütte, das heißt auf deren Toilette. Mit Durchfall. Um vier Uhr morgens frühstückte ich und sah, dass es geschneit hatte. Wie war ich erleichtert! Keine Westwand, sondern endlich schlafen. Als ich um neun Uhr aufwachte, begann die Sonne den Schnee wegzuputzen. Mein Kletterpartner und ich beschlossen, erst einen Tag später einzusteigen. Bis dahin verbrachte ich die Zeit damit, die Wand von unten zu betrachten, sie kennen zu lernen, mich mit ihr anzufreunden.

Als wir loszogen, war es selbstverständlich, dass mein Seilpartner vorausging. Kletterzug um Kletterzug fühlte ich mich am Felsen bald so gut, dass ich mir einen Ruck gab, die Führung übernahm und im Vorstieg kletterte. Und als ich oben war, wusste ich: Ich kann das.

Von diesem Moment an gab es kein Halten mehr. Ich machte eine wilde Tour nach der anderen. Großen Respekt hatte ich dabei immer. Oft schlug er in Angst um. Bauch und Kopf lieferten sich kleinere Kämpfe. Der Kopf siegte. Immer.

Jede durchstiegene Wand, jeder erstiegene Gipfel war ein Meilenstein auf meinem Weg zu mir selbst. Am Montblanc du Tacul durchstieg ich den Gervasutti-Pfeiler, an den Grandes Jorasses den Walker-Pfeiler, am Montblanc den Frêney-Pfeiler. An der Dru kletterte ich die Directe Américaine und den Bonatti-Pfeiler, der nach seinem Erstbesteiger Walter Bonatti benannt ist. Der Bonatti-Pfeiler existiert heute nicht mehr in der Form wie damals. Vor ein paar Jahren lösten sich mehrere tausend Kubikmeter Fels vom Pfeiler und stürzten krachend ins Tal.

Walter Bonatti, ein italienischer Bergsteiger, setzte im Alpinismus der Fünfziger- und frühen Sechzigerjahre neue Maßstäbe. Sein Können und seine Größe zeigten sich jedoch nicht nur in Felswänden. Profitgier, Profilierungssucht und Konkurrenzgebaren seiner Kollegen ließen ihn, erst 35-jährig, kompromisslos Abschied nehmen von seinen Touren in senkrechten Wänden. Seine Kletterkarriere beendete er mit einem Paukenschlag. Im Februar 1965 gelang ihm die erste Winteralleinbegehung der Matterhorn-Nordwand, und das erst noch auf einer neuen Route.

Zu seinem siebzigsten Geburtstag erschien sein Buch »Berge meines Lebens«, in dem er den ersten Gipfelversuch am Frêney-Pfeiler beschreibt, bei dem 1961 vier seiner Begleiter starben. Nur noch neunzig Felsmeter trennten die Gruppe vom Ausstieg. Doch während zwei von Bonattis Kollegen an der Chandelle, der zum Teil überhängenden Granitkerze des Pfeilers, die erste Seillänge zu klettern versuchten, bahnte sich ein infernalisches Gewitter an, das sie zwang zu biwakieren. Der höchste Pfeiler am Montblanc wurde zum Blitzableiter. Die Männer wurden wieder und wieder von Blitzen getroffen. Flammen züngelten aus ihren Händen und Füßen. Das Unwetter und der damit verbundene Schneesturm dauerten drei Tage. Als die sieben Männer endlich absteigen konnten, führte Bonatti die Seilschaft an. Vier Kollegen starben, einer nach dem andern. An Dehydrierung, Erschöpfung und Unterkühlung.

Weshalb gehen Menschen solche Risiken ein? Was ist es, was sie lockt? Ich kann nur für mich sprechen: Anfänglich waren die Berge eine neue Möglichkeit, mich auszutoben. Bald schon entwickelte sich daraus aber etwas anderes. Sehn-Sucht. Ich sehne mich nach den Bergen, denn meine Seele ist bei ihnen zu Hause. Ich bin ein Mensch, der nur begrenzt mit der Zivilisation zurechtkommt. Mich zieht es immer wieder in die Natur hinaus. Auch in Zukunft werde ich mir erlauben, mich auszuklinken, um in meinem Element zu sein. Die Sehnsucht, das möchte ich festhalten, ist nie eine nach dem Tod. Sie ist die nach dem Leben. Nach meinem Leben.

Es ist ein großartiges Gefühl, wenn ich spüre, dass meine Psyche stabil genug ist, um über einen Sicherungspunkt hinauszuklettern. Ich liebe es, meine Grenzen auszuloten. In den Wendenstöcken langsam, aber stetig Zentimeter um Zentimeter hinter mir zu lassen, zu spüren, wie meine Angst sich in Luft auflöst, wie jede Zelle meines Körpers sich im Hier und Jetzt dem Felsgelände anpasst – es gibt nichts Schöneres. Nein, nicht mal Fliegen ist schöner.

An den schwierigsten Stellen existiert weder die Leere unter mir noch der Himmel über mir, es gibt noch nicht mal den nächsten Atemzug. Es gibt nur noch mich und den Fels. Kein Denken mehr, nur noch Sein. Für mich ist Klettern die reinste Form der Meditation.

Und schließlich bin ich oben. Total befriedigt. Nicht mit dem Gefühl, ich hätte nun eine riesige Leistung erbracht, sondern dankbar. Dankbar für das, was ich erlebt habe, und dankbar für das schöne Gefühl der Gemeinsamkeit mit einem Seilkollegen, mit dem ich mich wortlos verstehe.

Für all das gibt es eine sachliche Erklärung: Bei Ausdauerleistungen schüttet die Hypophyse »Endorphine«, so genannte Glückshormone, ins Blut aus. Aber biochemisch lässt sich das, was ich in solchen Momenten empfinde, nicht ausreichend erklären. Es ist mehr, was mich glücklich macht. Es sind die freie Natur und die Möglichkeit, mir bewusst Momente schaffen zu können, in denen ich Glück erfahre. Leider bleibt in unserer Zivilisation nicht viel Platz, sich Raum und Zeit für das zu nehmen, was persönliche Zufriedenheit und innere Ruhe gibt. Alle haben Verständnis, wenn einer sich für Geld abrackert und dabei krank wird. Aber seinem Herzen zu folgen, das gilt – zumindest bei uns – kaum als herausragende Charaktereigenschaft.

Mein Beruf als Bergführerin erlaubt mir, meinen Herzenswunsch, in der Natur zu sein, und die Notwendigkeit, Geld zu verdienen, unter einen Hut zu bringen. Was mir mehr oder weniger gelingt.

Mehr oder weniger, weil ich als Bergführerin immer auf der eigenen Bremse stehen muss. Heute kann ich das besser. Als junge Aspirantin machte ich deswegen jedoch den einen oder andern Fehler. Mein damaliger Arbeitgeber musste ab und zu ein Auge zudrücken, denn es war anfänglich schwer verständlich für mich, dass nicht alle meine Gäste an ihre Grenzen gehen und »auf dem Zahnfleisch« zurückkehren wollten. Auf vielen meiner geführten Touren fühlte ich mich wie ein Vogel, dem man die Flügel stutzen musste, damit er den andern nicht davonfliege.

Ich fand eine Lösung für mein Problem. Ich gab einfach noch mehr Gas, stand morgens um fünf Uhr auf, um zu joggen oder in ein Fitnesscenter zu gehen, von dem ich mir den Schlüssel ausleihen durfte. Und wenn ich später meine Gäste in Empfang nahm, war ich lammfromm.

Alison Hargreaves sagte einmal: »Lieber einen Tag Tigerin als tausend Tage lang ein Schaf.« Ein schöner Satz, ich mag ihn. Wobei ich heute auch gerne mal einen – halben – Tag als Schaf verbringe, um Kraft zu tanken. Lesend zu Hause oder in Kanada in den Armen von Sandro.

Ruhe ich mich am Mount Everest aus, stelle ich mir in Gedanken vor, was ich – wieder zu Hause – als Nächstes tun könnte. Viel kommt dabei allerdings nicht heraus, denn ich weiß instinktiv, dass die Zeit danach stark geprägt sein wird durch das, was hier auf mich zukommt. Erfolg, aber auch Misserfolg am Mount Everest – beide werden meinem Leben eine neue Richtung geben. Ich werde neue Visionen entwickeln. So oder so.

Ich brauche persönlich definierte Ziele. Sie sind die Essenz des Lebens, sind Passion, Herzblut und Leidenschaft zugleich. Nur wer versucht, mit ganzem Herzen seine Wünsche, Visionen und Ziele zu verwirklichen, kann Höchstleistungen vollbringen. Das Geheimnis steckt in der Leidensbereitschaft, der Fähigkeit, Niederlagen zu verarbeiten, und dem Willen, sich immer wieder aufs Neue zu motivieren. Ein Stehaufmännchen zu sein. Oder eine Steh-wieder-auf-Frau.

19. Mai 2001. Die Teammitglieder – auch Karsang, der Yak-Mann – brechen zum Nordcol auf, um dort zu übernachten. Am 20. Mai werden sie die Nacht im Lager II verbringen, am 21. Mai eine Nacht im Lager III und am 22. Mai eine im Lager IV. Wir könnten sie begleiten, aber ich will nicht. Aus einem Grund: Ich will keine weitere Nacht im Lager II verbringen müssen. Nie mehr! Robert ist damit einverstanden, dass wir das Lager II auslassen und vom Nordcol direkt ins Lager III steigen. Deshalb bleiben wir noch einen Tag länger im ABC. Zusammen mit Andy, der sich dazu entschieden hat, das Lager II ebenfalls zu überspringen. Damit er – mit seinem Husten – nicht länger als nötig der trockenen Luft ausgesetzt ist. Je höher, desto krächz. Russell ist damit einverstanden.

Als das Team aufbricht, wünsche ich mir doch, Robert und ich würden mitgehen, würden eine Nacht im Nordcol verbringen und von dort aus direkt ins Lager III steigen. Das hätte den Vorteil, dass wir den andern einen Tag voraus wären und wir Lager III und Lager IV für uns allein hätten. Außerdem würde uns – da wir bereits am

22. Mai auf dem Gipfel ständen – das Gedränge am Berg erspart bleiben. Ja, genau das ist es, was ich möchte.

Mit diesem Gedanken spiele ich schon seit längerem, habe die Rechnung aber ohne Robert gemacht. Ich kann argumentieren, wie ich will, er lässt sich von meiner Idee nicht überzeugen. Er hat den 23. Mai als Gipfeltag vorgesehen, da dies der Tag mit den besten Wettervorhersagen ist. Und – aber das sagt er mir erst später – er befürchtet, dass ich abermals Mühe mit der Höhe bekommen könnte. Am 23. Mai würden auch die Sherpas unterwegs sein und im Notfall Hilfe leisten können. Das war rückblickend eine weise Entscheidung, allerdings nicht für mich, sondern für Robert. Aber davon später.

20. Mai 2001 – endlich! Andy, Robert und ich brechen zum Nordcol auf. Wir wünschen uns Glück. Aus einem spontanen Gefühl heraus habe ich das Bedürfnis, mich von Andy auf eine besondere Weise zu verabschieden. Ich nehme das Fläschchen Weihwasser aus meinem Overall, öffne es, benetze meine Finger, zeichne Andy das Kreuzeszeichen auf die Stirn und sage: »Gott beschütze dich!« Mein intuitives Handeln verlangt mir ganz schön viel Mut ab.

Das Gepäck wiegt kein Gramm zu viel, ich habe sogar überflüssigen Stoff von meinem Fleecepullover geschnitten. Mein Rucksack ist trotzdem schwer. Robert geht voraus, ich erreiche den Nordcol fünfzehn Minuten nach ihm. Hundemüde. Es ist aber nicht nur die Höhe, die mir zusetzt, es ist auch die Tatsache, dass mich das Warten im ABC in den letzten Tagen viel Kraft gekostet hat. Vor allem, weil der Hunger ausblieb und ich zu wenig gegessen habe. Frustration macht sich breit – keine gute Voraussetzung für die nächsten Tage. Meine Befürchtungen, es in dieser Verfassung nicht bis auf den Gipfel zu schaffen, behalte ich jedoch für mich. Momentan will ich nur eines: eine möglichst gute Nacht, um danach kräftig genug zu sein, das Lager II auszulassen und direkt ins Lager III, auf 7900 Meter, zu steigen.

21. Mai 2001. Ich habe gut geschlafen und fühle mich wieder motivierter. Nach dem Frühstück – ein paar Flocken und viel Tee – packe ich meinen Rucksack. Robert erklärt sich bereit, mir Gewicht abzunehmen und mein Essen – ein Stück Speck, Biscuits und ein paar Energieriegel – bis ins Lager II zu tragen, wo wir kurz rasten wollen. Um sechs Uhr dreißig verlassen wir das Nordcol.

Robert und Andy steigen schnell, ich suche mein eigenes Tempo. Schritt für Schritt. In der einen Hand den Eispickel, in der andern den Skistock. Im Kopf tausend Fragen: Werden uns die Winde plagen? Wenn ja, wie stark? Werden Höhe und Kälte erträglich sein? Wie hart werden die nächsten zwei Nächte werden? Werden wir den Gipfel überhaupt erreichen, und falls ja, werden wir alle gesund und lebend zurückkehren? Die Fragen kommen in derselben Monotonie, in der ich bald schon das lang gestreckte Schneefeld zwischen Nordcol und Lager II erlebe. Eine weiße, unendlich scheinende Fläche. Ich habe das Gefühl, am Ort zu treten, keinen Zentimeter weiterzukommen, und das ohne Ende.

Zehn Uhr dreißig – endlich 7600 Meter. Endlich Lager II. Endlich das Ende des Schneefeldes. Ich bin erschöpft. Nehme darauf aber keine Rücksicht, sondern beginne gleich damit, all die Dinge, die ich während meiner Akklimatisationsphase hierher getragen habe, in meinen Rucksack zu packen. Medikamente, Ersatzsocken, Pulvernahrung. Und das Essen, das Robert hier für mich zurückgelassen hat.

Robert und Andy sind offenbar bereits unterwegs zum Lager III. Als ich meinen Rucksack gepackt habe, fühlen sich meine Füße kalt an. Kalt wie Eiswürfel. Dabei stecken sie nicht nur in qualitativ besten Expeditionsschuhen, sondern auch noch in Thermosocken und in dicken Fleecesocken. Und nun dies: kalte Füße. Ich will keine Rücksicht darauf nehmen, sondern wieder los. Doch ein paar Schritte weiter sind meine Füße gefährlich gefühllos. Ich weiß, unternehme ich nichts, riskiere ich Erfrierungen. Ich setze mich in den Schnee, ziehe die Schuhe aus, reibe meine Füße warm, ziehe die Schuhe wieder an. Gehe ein Stück. Spüre, geholfen hat meine Aktion nichts. Kalt. Kalt. Kalt. Zehen, Fußballen, Fersen, Schienbeine, Wadenbeine, alles. Abermals setze ich mich in den Schnee, ziehe die Schuhe aus, reibe meine Füße warm, ziehe die Schuhe wieder an. Gehe ein paar Schritte. Kalt. Kalt. Kalt. Zehen, Fußballen, Fersen, Schienbeine, Wadenbeine, alles. Hinsetzen, Schuhe ausziehen, Füße warm reiben, Schuhe anziehen. Wieder und wieder. Mein Enthusiasmus ist auf dem Nullpunkt. Mein Wille glücklicherweise nicht. Ich setze Fuß vor Fuß, möchte heulen, habe quälenden Durst. Meine Kehle scheint zu brennen. Wenigstens sind meine Füße etwas wärmer geworden. Aber der Durst! Und alles schon getrunken.

Die 300 Meter zwischen Lager II und Lager III sind steil und felsig und verlangen volle Konzentration. Die Monotonie weicht, der Durst allerdings bleibt. Was ich geahnt habe, trifft ein: Die Höhe zwischen 7000 und 7900 Metern verlangt mir die größte Leidensbereitschaft ab, presst das letzte Quäntchen Energie aus mir heraus.

Ich denke an den Sauerstoff, der oberhalb des Lagers III deponiert ist. Er wird mir, ab 8000 Metern, nicht nur das Atmen erleichtern, sondern auch meine Hände und Füße wärmen. Dadurch, dass das Blut besser mit Sauerstoff beladen ist, wird jede meiner Körperzellen wieder genügend damit versorgt, was den drohenden Erfrierungen entgegenwirkt. Luft! Und keine eiskalten Füße und Hände mehr. An diesem Gedanken und an dem Wissen, dass im Lager III Tee auf mich wartet, ziehe ich mich – wie an einem Seil – den Berg hinauf. Schritt für Schritt.

Schritt für Schritt. Atemzug um Atemzug. Der Mount Everest will es so. Nur wer sich genügend Zeit nimmt, den ganzen Weg zu gehen, hat eine Chance auf Erfolg. Die Muttergöttin der Erde lässt einen nicht in der Mitte einsteigen. Erst auf halber Fahrt aufs Trittbrett aufzuspringen, wäre tödlich.

In der Ferne taucht plötzlich eine Gestalt auf, ich erkenne sie sofort. Andy! Was macht er bloß hier? Steigt er zurück? Zwingt ihn sein Husten aufzugeben?

Als er bei mir ankommt, weiß ich, was er tut: Er bringt mir Tee! Roberts Tee. Andy ist wieder zu mir heruntergestiegen – um mir Tee zu bringen! In dieser Höhe ist das ein sehr großes Geschenk. So selbstlos ist mir noch nie zuvor jemand begegnet.

»Andy«, frage ich ihn, »weshalb tust du das?« Er schaut mich lächelnd an, hustet heftig, dann sagt er: »Weil du dasselbe auch für mich getan hättest.«

Seine Geste ist Ausdruck unserer Freundschaft, die sich in den letzten Wochen entwickelt hat. In kleinen, schnellen Zügen trinke ich. Der Tee ist noch warm, er tut gut. Wortlos gehen wir weiter den Berg hinauf. Wortlos, weil uns der Atem für unnötige Worte fehlt. Wortlos aber auch, weil wir, um uns zu verstehen, keine Worte brauchen.

Endlich – nach insgesamt sieben Stunden Aufstieg – erreiche ich, mehr als wandelnder Geist denn als leibhaftige Frau, das Lager III. 7900 Meter! Als ich bei Robert ankomme, bedanke ich mich bei ihm für den Tee. Er hat für Andy und mich bereits neuen gekocht.

Robert und ich teilen uns ein Einerzelt, das vor uns bereits andere benutzt haben. Das Chaos, das sie hinterließen, spottet jeder Beschreibung. Robert fotografiert. Nicht die Unordnung im Zelt, sondern die Stimmung draußen. Ich räume auf.

Später bringt Robert Schnee, den ich auf dem Gaskocher schmelze, um Wasser in unsere Flaschen zu füllen. Ich versuche, etwas von meinem Speck zu essen. Es bleibt mehr oder weniger beim Versuch.

Der Gedanke, die Nacht zu zweit in diesem engen Zelt verbringen zu müssen, macht mich ratlos. Wie soll das gehen? Pinkeln muss ich ja auch noch. Irgendwo. Irgendwie. Immer wieder. Jede Bewegung Roberts nervt mich, jede meiner Bewegungen stört ihn. Dass wir beide schon lange gewusst haben, wie reizbar wir hier oben sein würden, hilft uns, die Situation zu akzeptieren. Aber – zugegeben – wir haben auch gar keine Wahl.

In dieser Nacht probieren Robert und ich zum ersten Mal die Sauerstoffmasken aus. Im Zelt ist eine Sauerstoffflasche deponiert, an der wir uns beide mittels Adapter anschließen. Ich schlafe unruhig, und meine ständige Furcht vor Kopfschmerzen macht meine Lage nicht besser.

22. Mai 2001. Anscheinend habe ich doch etwas geschlafen. Als ich erwache, bemerke ich erleichtert: keine Kopfschmerzen. Robert verabschiedet sich nach unserem Frühstück – wenn man in Wasser aufgelöste Pulvernahrung, zwei lustlos vertilgte Biskuits und das Kauen an einer Speckschwarte so nennen kann. Er will möglichst schnell weiter. Erst zum Sauerstoffdepot, dann in Richtung Lager IV. Und ich, was tue ich? Ich widme mich abermals meinen kalten Füßen. Kriege sie nicht wirklich warm, benötige für die hundert Höhenmeter bis zum Sauerstoffdepot eine volle Stunde. In den Alpen lege ich in dieser Zeit – in Turnschuhen – 1200 Höhenmeter zurück. Neue Dimensionen.

8000 Meter! Sauerstoffdepot. Ich bediene mich mit den drei Flaschen, die für mich bereitliegen, stecke sie in den Rucksack, montiere den Regler auf eine von ihnen, stülpe mir die Maske über Nase und Mund und fühle mich augenblicklich besser. Meine Füße werden warm und meine Lungen voll. Ein unbeschreiblich schönes Gefühl! Mir scheint, als fliege ich geradezu in Richtung Lager IV. Kriechen wäre allerdings das geeignetere Wort. In einer Stunde überwinde ich bloß 200 Höhenmeter. Egal. Es geht mir gut, und als ich – auf 8300 Metern! – eine einsame Dohle im Wind surfen sehe, fühle ich mich sehr glücklich. Sauerstoff gleich Höhendoping, wer sagt's denn? Ich hole gar Robert ein, der sich heute ausnahmsweise nicht wohl fühlt, und nehme ihm Gewicht aus dem Rucksack.

Stunden später kommen wir im Lager IV an, dem höchstgelegenen Lager der Welt. Abermals drängen wir uns in ein Einerzelt. Ich bin müde. Robert scheint es schlecht zu gehen. »Seit er Sauerstoff nimmt, hat er Mühe«, schießt es mir durch den Kopf. »Warum?«

Robert hat die Antwort darauf gefunden, er hantiert an seiner Sauerstoffmaske herum, meint: »Sie dichtet zu wenig ab.« Nach einer guten halben Stunde scheint er zufrieden, offenbar konnte er die Maske fixieren.

Fast pausenlos schmelzen wir Schnee, versuchen, etwas zu essen, schließlich zu schlafen. Aber schlafen in dieser Höhe – auch mit Sauerstoff –, ist ein Ding der Unmöglichkeit. Am liebsten würde ich gleich los, aber ich muss mich zusammenreißen. Mich gedulden. Warten. Bis Mitternacht. Mindestens. Robert hat sich mit Russells Bergführern abgesprochen, die um zwei Uhr starten wollen, und hat für uns denselben Zeitpunkt gewählt. Ich jedoch weiß: Das will ich nicht. Ich will nicht mit so vielen Leuten am Berg sein. Ich werde nicht bis zwei Uhr warten. Ich werde früher losgehen. Meine Entscheidung teile ich Robert nicht mit, da ich sie mir – unter keinen Umständen – ausreden lassen will.

Bin ich unterwegs, fühle ich mich wohl. Bin ich auf einem Gipfel, fühle ich mich glücklich. Bin ich wieder im Tal, weiß ich, ich muss wieder in die Höhe. Einen Berg besteigen, eine Expedition planen. Mich ausklinken. Kein Telefon abnehmen, sondern den Beantworter einschalten. Kein SMS auf dem Handy lesen müssen. Die Bearbeitung meiner E-Mails delegieren.

Aus dem Alltag aussteigen zu können, ist für mich ein Privileg. Eines, das auch Opfer verlangt. Jeder Bergführer weiß das. Ein Leben in diesem Beruf bedingt, auf vieles zu verzichten. Verzichten auf ein eigenes Bett samt Daunenduvet, verzichten auf kontinuierliche soziale Kontakte. Viele Bergführer leben allein. Die Anforderungen an einen Partner sind groß. Bergführer sind – von kleinen Unterbrüchen abgesehen – oft monatelang von zu Hause weg, widmen sich während ihrer Arbeit aufs Intensivste ihren Gästen und wollen, wenn sie wieder zu Hause sind, nur noch ihre Ruhe. Wollen nicht mehr reden, nicht mehr für andere sorgen, nicht mehr diskutieren – wollen nur noch allein sein.

Und wenn zu zweit, auch gut, dann aber bitte einfach nur dasitzen dürfen und sich verwöhnen lassen. Mit gutem Essen, mit wortlosen Zärtlichkeiten – Pascha spielen. Welcher Partner macht das auf Dauer schon mit?

Ich habe vor und nach meiner Beziehung mit Ferdi immer allein gelebt. Heute würde ich gerne mit Sandro zusammenleben. Aber da er sein Zuhause in Kanada hat, ist dies nur selten möglich. Leider.

Ich lebe aber auch gerne allein. Liebe es, meine eigene Wohnung zu haben, mich häuslich einzurichten, mich in meinen vier Wänden geborgen zu fühlen. Dafür brauche ich heute mehr Platz als früher. Früher lebte ich in einer Pension in einem einzigen Zimmer. Drei auf vier Meter. Ein Bett, ein Lavabo, ein Schrank, ein Büchergestell, Etagendusche und eine ebensolche Toilette. Im Zimmer gab es eine Steckdose, an der ich eine Kochplatte erhitzen konnte, ich hatte sogar einen kleinen Backofen, in dem ein halber Apfelkuchen Platz gehabt hätte, wenn ich einen halben Apfelkuchen hätte backen wollen. Im Winter hatte ich sogar einen Kühlschrank – vor dem Fenster. Im Sommer hatte ich ein Problem – keinen Kühlschrank. Ich löste es, indem ich nichts Verderbliches einkaufte.

Orte der Geborgenheit sind mir sehr wichtig. Vermisse ich sie in einem Zimmer oder einer Wohnung, zaubere ich sie hervor. Mit Farbe. Wie oft verpasste ich meinen Wänden einen neuen Anstrich. Von Grau zu Blau, von Weiß mit Gelbstich zu Orange. Und irgendwo bohrte ich Löcher für eine Turnstange und einen Griffbalken in die Wand. Schraubte die Geräte ein und konnte mein Krafttraining, zeitlich unbegrenzt, absolvieren.

Eines meiner größten Probleme als Bergführerin war, dass ich nicht gezielt und progressiv fürs Klettern trainieren konnte, während ich eine Gruppe führte. Um diesem Missstand etwas entgegenzuwirken, funktionierte ich Kajütenbetten, Balkongeländer oder die Türrahmen von SAC-Hütten zu Reckstangen um.

In der Dôme-du-Gouter-Hütte am Montblanc, auf 3800 Metern, habe ich – da bin ich mir sicher – den Weltrekord in der Kategorie Kajütenbett-Klimmzug für mich verbuchen können.

Ich trainierte, um fit zu bleiben. Leider ziemlich öffentlich – in einer Berghütte ist man nie allein. Viele, die mich beobachteten, meinten, ich trainiere nicht, um fit zu bleiben, sondern um damit zu prahlen, wie stark ich sei. Ich musste immer wieder den einen oder andern Spruch einstecken. Aber das war mir – mehr oder weniger – egal.

Damals, in den Jahren 1991 bis 1994, gehörte ich zu den besten Kletterinnen der Schweiz, etwas, was ich nicht so ohne weiteres aufzugeben bereit war. Aber schließlich musste ich doch kapitulieren.

Ich hatte die grandiose Möglichkeit, meinen Lebensunterhalt mit meinem Traumberuf, Bergführerin, zu verdienen, büßte gleichzeitig aber mein Kletterniveau ein. Meine Höchstleistungen wurden durch das mangelnde Training zusehends geringer. Die Klettertouren, die ich mit meinen Gästen unternahm, waren von den Anforderungen her zu leicht, als dass ich meine Kräfte erhalten, geschweige denn noch hätte entwickeln können.

Ich versuchte jahrelang, das Unmögliche möglich zu machen. Ich führte von morgens um vier bis nachmittags um vier Gäste auf einen Gipfel, an Felsen heran und über Gletscher, trainierte danach an Kajütenbetten oder lief nach Feierabend den Berg hinunter zum nächsten Fitnesscenter. Wenn ich danach noch genügend Energie besaß, ging ich abermals auf eine Tour oder sogar in eine Wand. Um zu klettern. Auf die Dauer wurde das aber selbst mir zu viel. Mein Körper rächte sich, ich musste Verletzungspausen hinnehmen.

Es kostete mich Tränen. Ich weinte aber nicht wegen der physischen Schmerzen und schon gar nicht, weil andere Frauen besser kletterten als ich oder weil ich ihnen ihren Erfolg missgönnt hätte. Nein, ich beweinte das Dilemma, in dem ich steckte: Um mich besser auf das Klettern konzentrieren zu können, hätte ich das Führen aufgeben müssen, und das wollte ich auf keinen Fall. Ich liebte meinen Beruf – er gab mir die Möglichkeit, in der Natur zu sein, mich in den Bergen aufzuhalten. Aber er hinderte mich gleichzeitig daran, das zu tun, was ich am allerliebsten tat – mich in schwierigen Felswänden aufzuhalten. Ich beweinte das, was unsere Großmütter und Urgroßmütter schon immer predigten. Das, was bereits Adam und Eva erfahren mussten: Man kann nicht alles haben im Leben. So einfach ist das. Und genauso schmerzhaft kann es sein.

Die beste Wettkampfkletterin der Schweiz ist heute die 24-jährige Anna Tina Schultz. Sie ist nicht nur mehrfache Schweizer Meisterin, sondern gehört auch im Weltcup zu den Top Ten.

Die Frau jedoch, die in der Felskletterei nicht nur für Frauen neue Maßstäbe setzte, sondern auch den Männern eine Knacknuss aufgab, ist die Amerikanerin Lynn Hill. Die Spitzenathletin erreichte etwas, was ihr meines Wissens bis heute kein Mann nachmachen konnte. 1993 durchstieg sie im Yosemite National Park die legendäre, rund tausend Meter hohe »Nose« am El Capitan, und zwar ohne künstliche Hilfsmittel. Ein Jahr später bestätigte sie ihre Leistung, indem sie dieselbe Route nochmals kletterte, diesmal in weniger als 24 Stunden. Eine unglaubliche Leistung, für die sie von ihren männlichen Kollegen neben Anerkennung auch solches zu hören bekam: »Logisch konnte Lynn mit ihren dünnen Fingern diese kleinen Risse hinaufklettern.«

Dass sich meine Ambitionen in der Sportkletterei nicht verwirklichen ließen, hatte zum einen mit meinem Beruf als Bergführerin zu tun, zum andern aber auch mit der Tatsache, dass sich, als ich zu klettern begann, mit der Sportkletterei noch kein Geld verdienen ließ. In der Schweiz Sponsoren zu finden, die diesen – damals noch – Außenseitersport unterstützt hätten, war schlicht unmöglich.

Heute weiß ich: Sosehr es mich auch schmerzte, nicht mit den Besten mithalten zu können, die reine Sportkletterei wäre mit Sicherheit nicht das Richtige gewesen für mich. Auch Wettkämpfe liegen mir nicht. Das hätte ich eigentlich schon damals wissen müssen, denn gegen die Leichtathletik hatte ich mich vor allem deswegen entschieden, weil mir ein Miteinander wichtiger ist als ein Gegeneinander.

Einmal allerdings machte es mir unheimlichen Spaß. Meine Freundin Marianne und ich nahmen 1998 an einem Skitouren-Wettbewerb teil. Wir traten mit einer gewöhnlichen Skitouren-Ausrüstung, in Goretexhose und Skijacke an und waren die Exotinnen. Unsere Gegnerinnen kamen in supereng anliegenden Stretchanzügen, mit superleichten Skis samt superleichter Bindung und supergleitenden Fellen. Nun, wir haben gewonnen. Mit vier Minuten Vorsprung auf die Besten. Dummerweise war dieser Wettbewerb zugleich die Schweizer Meisterschaft. Und die amtierenden Schweizer Meisterinnen wurden über unseren Außenseitersieg so wütend, dass sie uns des Betrugs bezichtigten. Wir hätten, verleumdeten sie uns, Abkürzungen genommen. Drei Jahre später traten Marianne und ich nochmals an. Wieder als die Exotinnen. Diesmal wurden wir Zweite. Der Schweizer Meisterinnen-Titel ging an diejenigen, die nach ihrer Niederlage vor drei Jahren wahrscheinlich dreimal so hart trainiert hatten.

Mir wird immer wieder vorgeworfen, ich sei trainingssüchtig und ehrgeizig. Man kann das so sehen. Es ist richtig, ich brauche eine extreme körperliche Belastung, um ruhig und zufrieden sein zu können. Gegen den Vorwurf, ich sei ehrgeizig, wehre ich mich aber entschieden. Ja, ich will viel erreichen, aber nur für mich persönlich und nicht, um anderen zu gefallen oder andere zu beeindrucken. Ich liebe es, mich mit mir selbst zu messen. Jede Tour, die ich erfolgreich durchführen konnte, jedes erreichte Ziel, so unerreichbar es anfänglich auch schien, jede Besteigung eines hohen Gipfels, all das hat mich nie mit Stolz erfüllt, sondern mit Zufriedenheit. Glück. Geborgenheit. Und mit der tiefen Befriedigung, mittendrin zu stehen. Mittendrin in der Natur. Mittendrin im Leben, mittendrin – in mir. Es gab diese unbeschreiblich schönen Momente, wo alles eins war. Um diese Zufriedenheit, dieses Glück wieder und wieder zu erleben, stecke ich mir neue Ziele, entwickle neue Visionen und lasse mich auf neue Herausforderungen ein.

Das klingt jetzt ein bisschen wie in der Marktwirtschaft – wir haben das Ziel erreicht, wir müssen nach dem nächsthöheren greifen. Aber das ist es nicht, es ist nicht ein Greifen, es ist, wie wenn man sich immer wieder von neuem auf den Weg macht. Dabei taste ich mich nicht nur an meine eigenen Grenzen heran, sondern begegne auch der eigenen Angst und durchbreche Zwänge. Alltag und Normalität, das weiß ich, hindern mich daran zu wachsen. Aber genau das ist es, was ich will: wachsen – an mir selbst. Und dazu muss ich in mich hineinhorchen. Immer wieder. Ich wünsche mir, ich horche noch mit achtzig in mich hinein, um neue Ziele und Visionen zu entwickeln. Solche – da bin ich mir sicher – sind immer vorhanden. Es muss ja nicht gerade ein Mount Everest sein. Die Frage ist, ob wir den Mut haben, unsere Visionen, auch die scheinbar unscheinbaren, zu verwirklichen. Viele Menschen, die klare Visionen und weit gesteckte Ziele haben, kommunizieren diese nicht. Sie behalten sie für sich. Aus einem einfachen Grund: Sie haben Angst. Angst zu versagen. Dadurch verbauen sie sich nicht nur den eigenen Weg, sie treten ihn nicht einmal an. Ich bin mir sicher, dass ungeheuer viel Potenzial in jedem einzelnen Menschen steckt. Leider getrauen sich aber nur wenige, ihre Visionen und Ziele in Worte zu fassen, weil Worten Taten folgen müssen. Viele realisieren nicht, dass jedes Scheitern – auch wenn es noch so schmerzlich ist und Kritik einbringt – sie in ihrer persönlichen Entwicklung weiterbringt.

Jedes Aufstehen und Weitergehen, jede Suche nach einem neuen Weg ist ein Schritt zu sich selbst. Zu »Erfolghaben« gehört – notgedrungen – auch »Scheiternkönnen«. Das chinesische Schriftzeichen für das Wort »Krise« besteht aus zwei Zeichen. Das eine bedeutet »Gefahr«, das andere »Chance«.

Mich fasziniert der Weg zum Ziel mehr als das Ziel selbst. Natürlich freut es mich, wenn ich es erreiche, denn dadurch werde ich für alle Strapazen belohnt und darin bestätigt, den richtigen Weg eingeschlagen zu haben. Ankommen – aber auch Scheitern! – ist immer die Antwort auf die Frage: Tue ich das Richtige?

Visionen und Ziele müssen nicht gigantisch sein, sie sollten auch im Alltag Platz haben. Es gibt unzählige kleine Möglichkeiten, auf sich selbst zuzugehen. Man muss nur die eigene Bequemlichkeit überwinden und – beispielsweise – das warme Bett in aller Herrgottsfrühe verlassen. Ja, ganz früh, die Sonne geht nun mal nicht mittags um zwölf auf. Also aufstehen! Und losgehen. Die Belohnung ist groß. Zu sehen, wie die Sonne mit ihren Strahlen die Nacht bricht, wie sich am Horizont der schwarze Himmel dunkelviolett verfärbt, wie er – als wär's durch Zauberhand – satte Orangetöne annimmt, die sich langsam, aber stetig in immer hellere Gelbtöne verwandeln, dies zu sehen, ist ein wunderbares Geschenk. Ein Gottesgeschenk.

Und irgendwann ist er da, dieser sagenhafte, unglaublich schöne Moment, wenn der Tag aufsteht und sich die Nacht schlafen legt, wenn die ersten Gipfel von einem Sonnenstrahl gestreift werden und sie ihr graues, mattes Kleid Zentimeter um Zentimeter gegen ein goldenes, glänzendes eintauschen.

Dann stehe ich im Morgenlicht. In diesen zauberhaften Farben. Es geht ein kühler Wind, und meine Gäste sind so fasziniert, dass niemand ein Wort sagt. Stille. Und dann nehmen die meisten von ihnen ihren Fotoapparat zur Hand und versuchen, den Moment festzuhalten. Klick-klick-klick.

ENDLICH – MITTERNACHT. Er ist da, der 23. Mai! Wird er zu meinem Gipfeltag? In ein paar Stunden werde ich es wissen. Geduld. Ich schäle mich aus dem Schlafsack, schaue zum Zelt hinaus.

Die Nacht ist bitterkalt. Sternenklar. Durchsichtig wie klares Wasser und doch – alles schwarz. Ich muss etwas essen. Keinen Hunger. Muss etwas trinken. Keinen Durst. Ich ziehe die Sauerstoffmaske vom Gesicht, zwinge mich dazu, einen Energieriegel hinunterzuwürgen und einen halben Liter Tee zu trinken. Ich ziehe die Sauerstoffmaske wieder über mein Gesicht und lege die Wärmesohlen in meine Schuhe, die ich später am Berg aktivieren werde und die mir ungefähr zwei Stunden den Zehenbereich wärmen. Sitzgurt über die Daunenhose, rein in die Schuhe, Stirnlampe auf die Daunenjackenkapuze und Steigeisen an die Schuhe. Handschuhe, Rucksack, meine drei Flaschen Sauerstoff, Tee – ich bin bereit.

Robert rührt sich, fragt, ob ich auf ihn warte. Aber das kann ich nicht. Ich kann unmöglich warten. Meine Füße fühlen sich bereits kalt an. Wer mit zu kalten Füßen losgeht, läuft Gefahr, dass er mit Erfrierungen zurückkehrt. Robert versteht, dass ich gehen muss, er nickt mir zu. Ich verabschiede mich von ihm, sage: »Du holst mich bestimmt ein.«

Ein Uhr. Kein Wind. Absolute Stille. Ich gehe los. Dankbar, dass Robert bei den Vertragsverhandlungen mit unserem Sponsor strikt darauf bestanden hatte, die Klausel, wir müssten beide gleichzeitig auf dem Gipfel stehen, zu streichen.

In dieser Höhe gibt es – das wusste er seit seinem Versuch im Jahre 1990 – keine Zweisamkeit mehr. Hier zählt nur noch die Eigenverantwortung.

Ich mache Schritt für Schritt. Achte auf meine Atmung. In Meereshöhe holen wir durchschnittlich zwölf Mal in der Minute Luft. Auf 5000 Metern steigt die Atmungsfrequenz auf zwanzig bis dreißig Mal pro Minute. Und auf dem Gipfel des Mount Everest werde ich, wenn ich tatsächlich raufkomme, circa fünfzig Mal in der Minute Luft holen müssen. Ich versuche, meine Atemzüge zu zählen. Wie viele brauche ich für einen Schritt?

Als ich vor mir Lichter wie Glühwürmchen durch die Nacht tanzen sehe, höre ich mit Zählen auf. Die Glühwürmchen sind Stirnlampen. Offensichtlich starteten auch andere kurz nach Mitternacht. Ich gehe den Lichtern nach, sehe, dass sie näher kommen, bald hole ich sie ein. Ich lasse sie – stumm grüßend – hinter mir.

Ich fühle mich gut, komme bestens voran. Nach einer Weile drehe ich mich um – keine Lichter hinter mir. Wo ist Robert? Über mir strahlen die Sterne. So nah war ich ihnen noch nie. Es ist ein großartiges Gefühl, hier zu sein. Hier in dieser Höhe, in der es eigentlich kein Leben gibt. Nur noch tödliche Wildnis. Schritt für Schritt dringe ich weiter in sie ein. Ich bin eins mit dem Berg, mit der Nacht, mit dem Universum – und ich bin klein. Kleiner als eine Ameise, kleiner als ein Vogelschiss. In dieser schieren Unendlichkeit bin ich ein Nichts – und doch da. Es wäre schön, einmal – nur einmal und nur ganz kurz – hinter die Kulissen dieser Macht schauen zu dürfen, die ich hier verspüre und der ich den Namen »Gott« gebe.

Rechts von mir der tiefe Abgrund der Nordwand, links schwarze Felsen, fluoreszierend dekoriert mit Schneeresten. Dann – ein Fels. Er sieht aus wie ein Pilz. Der Mushroom Rock. Ich weiß, was mich hier erwartet. Und da ist er auch schon – im Licht meiner Stirnlampe sehe ich die Füße des Sleeping Man. Ich erschrecke zutiefst. Plötzlich ist die Nacht nicht mehr schön, sondern unheimlich. Ich fühle mich so, wie ich mich als Kind gefühlt habe, wenn ich im Keller Kartoffeln holen musste – sehr allein.

Ich bleibe kurz stehen, atme meinen Sauerstoff und muss unwillkürlich an einen meiner Ritte in der Pampa Patagoniens denken. Mein Pferd bockte. Wollte keinen Schritt weiter. Anfänglich wusste ich nicht, weshalb, doch dann entdeckte ich hinter dem nächsten Baum ein totes Pferd. Mein Tier wurde immer störrischer und zwang mich regelrecht dazu, einen weiten Bogen um den Kadaver zu reiten.

Und ich, was tue ich jetzt? Ausweichen kann ich nicht. Wie Russell vorausgesagt hat, muss ich über den schlafenden Mann hinwegsteigen. Ich richte meine Lampe vom Toten weg und mache einen großen Schritt. Ich fröstle.

Ein paar Minuten später überschwemmt es mich wieder, das Glücksgefühl, ganz allein hier sein zu dürfen. Allein mit dem Berg und seiner ganzen Mystik. Ich möchte, dass dieser intime Moment lange andauert, und bin mir bewusst, dass es ein besonderes Geschenk ist, so weit weg von Normalität und Alltag sein zu dürfen.

Ich gehe weiter, immer weiter auf dem elend langen, flachen Grat, den ich nach dem Mushroom Rock erreicht habe. Als ich mich umdrehe – nur um mich zu vergewissern, dass ich noch immer allein unterwegs bin –, entdecke ich hinter mir den Lichtkegel einer Stirnlampe, der sich rasch nähert. Robert? Nein, es ist nicht Robert, es ist der Franzose Marco Siffredi. Ohne Snowboard. Das wird ihm Lobsang, unser Sirdar-Sherpa, den Berg hinauftragen. Der Sirdar ist der Chef der Sherpas, einer, der die Launen des Berges und die Regeln des Wetters kennt und der unter anderem für den reibungslosen Materialtransport verantwortlich ist.

Marco grüßt, ich grüße zurück. Er macht Tempo, verschwindet schon bald in der schwarzen Nacht. So, als hätte ihn ein dicker, schwerer Theatervorhang einfach verschluckt.

Weiter und weiter – immer weiter, ich werde noch sehr lange auf diesem flachen Grat unterwegs sein. Links und rechts begleitet von einer gewaltigen Tiefe, die mit dem Lichtkegel meiner Stirnlampe nicht auszuloten ist. Auf den glatten Kalkplatten finden meine Steigeisen keinen festen Halt, ich setze sie in Ritzen, um nicht auszurutschen, sie kratzen über den Stein. Schritt für Schritt. Tritt auf Tritt. Dunkle Nacht. Sie hüllt mich ein. Es scheint ewig zu dauern, bis der First Step, das erste große Hindernis, eine circa 25 Meter hohe Felswand, vor mir auftaucht. Wäre sie in den Alpen, sie würde keine große Herausforderung bedeuten. Aber sie liegt nicht in den Alpen, sondern auf 8650 Metern Höhe und verlangt volle Konzentration und große Anstrengung.

Ich klettere, ringe dabei nach Luft. Das Gewicht des Rucksacks fordert zusätzliche Kräfte. Aber ich schaffe es, irgendwie schaffe ich es. Als ich oben bin, setze ich mich hin, um Atem zu schöpfen. Dann tausche ich die inzwischen halb leere Sauerstoffflasche mit einer vollen aus. Eine von Russell ausgeklügelte Taktik!

Er hat mir geraten, beim Aufstieg zwei halb leere Sauerstoffflaschen zu deponieren. Die eine nach dem First Step, die andere nach dem Second Step. So müsste ich nicht unnötig schleppen, meinte er, und ich hätte die Gewissheit, dass ich beim Abstieg auf Sauerstoffreserven zurückgreifen könnte. Dass ich die drei Flaschen – leer oder voll – auf alle Fälle wieder mit nach unten bringen werde, versteht sich von selbst.

Ich tue also, wie mir Russell geraten hat, und wechsle die inzwischen halb leere Flasche mit einer vollen aus. Voll? Meine zweite Flasche ist nicht voll! Sie ist halb leer, genauso wie die erste. Aber das macht nichts, ich habe noch eine dritte in meinem Rucksack. Ich weiß, das wird genügen. Ich deponiere die eine halb volle Flasche im Schnee, atme Sauerstoff von der zweiten und gehe weiter. Rechts von mir der Abgrund nach Tibet – 2000 Meter. Links von mir jener nach Nepal – 3000 Meter. Hinter mir – ich schaue zurück – Dunkelheit. Wo ist Robert?

Wie aus dem Nichts erhebt sich vor mir plötzlich eine gespenstisch schwarze Wand. Der Second Step. Dieser senkrechte Fels, der, so glaubt man, Mallory und Irvine 1924 das Leben kostete. Der

Second Step ist unterteilt in zwei Aufstiege. Der erste ist circa fünfzehn Meter hoch, der zweite ungefähr zehn. Ich setze die Frontzacken meiner Steigeisen in kleinste Ritzen und kralle meine dick verpackten Hände in die Leisten des Felses, verlagere mein Gewicht behutsam auf den Standfuß und habe schon beim ersten Kletterzug das Gefühl, es heble mich im nächsten Moment wieder vom Fels weg. Aber das tut es nicht, ich mache Zug um Zug, presse mich an den Stein, klettere weiter. Die Fixseile, die wie Lianen herunterhängen, machen mir, zerfetzt und verfilzt, wie sie sind, nicht gerade einen vertrauenswürdigen Eindruck. Ich verzichte darauf, mich an ihnen emporzuhangeln, benütze sie nur ab und zu, um meine Balance zu halten. Endlich erreiche ich den ersten Sims. Mein Herz rast. Ich habe mir mein zweites Hindernis zwar anspruchsvoll, aber nie so anspruchsvoll vorgestellt.

Als ich mich etwas erholt habe, gehe ich vorsichtig weiter, sehe im Licht meiner Stirnlampe die Verschneidung, die nach rechts weggeht. Ich erinnere mich an Russells Worte. Er sagte, dass diese Verschneidung schon viele dazu verleitet habe, ihr zu folgen. Ich weiß, dass ich sie umklettern und auf dem dahinter liegenden Sims weiter nach rechts gehen muss. Dort werde ich die von einer chinesischen Expedition fixierte, überhängende Leiter vorfinden, die mich auf den Felsrücken führen wird. Ich versuche, mich vor dem Weitergehen etwas zu erholen, atme ein und aus, ein und aus. Nehme die Ruhe in mich auf, die mich umgibt. Einatmen, ausatmen. Mache dann ein paar Schritte weiter nach rechts, sehe die Leiter, steige sie hoch. Sprosse für Sprosse, es dauert eine ganze Weile, bis ich endlich auf der letzten stehe.

Nun muss ich mich nur noch wenige Zentimeter hinaufziehen, dann habe ich auch den Second Step hinter mir. Mit meinen behandschuhten Händen suche ich auf dem Sims über mir nach einem Halt, finde aber nur bröckelnden Stein. Ich versuche, eines der Fixseile zu ergreifen, die – so hoffe ich wenigstens – gut verankert sind. Versuche es wieder und wieder, aber ich bekomme mit meinen dicken Handschuhen keines zu fassen, da sie am Fels festgefroren sind. Ich gebe nicht auf, versuche es weiter und spüre plötzlich, wie meine Oberarmmuskeln übersäuern. Die Muskeln werden hart, die Kraft verläßt mich wie die Luft eines aufgeblasenen und dann nicht zusammengeknüpften Ballons. Es reicht gerade noch für den Rückzug. Fluchen? Nicht sehr.

Am Fuß der Leiter angekommen, entspanne ich mich, lockere meine Muskeln, tanke neue Kräfte. Ich schließe die Augen, visualisiere, wie ich es beim nächsten Mal schaffen und schließlich auf dem Felsrücken stehen werde. Dann mache ich mich abermals daran, das offensichtlich anspruchsvollste Hindernis auf meinem Weg nach oben zu überwinden. Die unter mir wegbrechende 2000 Meter tiefe Nordwand verlangt mir dabei mental einiges ab. Nach oben schauen! Präzise stehen! Ein Fehltritt würde den sicheren Sturz in den Tod bedeuten. Sprosse für Sprosse, weiter, immer weiter. Wieder stehe ich auf der obersten und suche auf dem Sims nach Halt. Bröckelnder Stein. Ich versuche, ein Fixseil zwischen die Finger zu bekommen. Zu dick verpackte Hände. Die Muskeln übersäuern, werden hart. Keine Kraft mehr. Scheitern. Wiederum. Rückzug.

Fluchen? Ein bisschen mehr. So geht das nicht, die Leiter ist nicht mein Ding. Als ich wieder unten stehe, komme ich mir vor, als spiele der liebe Gott »Leiterlispiel« mit mir. Falsch gewürfelt. Zurück zum Ausgangspunkt. Nicht aufgeben jetzt.

Einatmen – ausatmen? Oh, nein, ich atme längst nicht mehr, ich schnaube. Wie ein vom Torero in die Enge getriebener Stier.

Beim dritten Versuch ignoriere ich die Leiter mehr oder weniger und klettere. Damit ich Halt finde, ziehe ich die Handschuhe aus, drücke die Frontzacken meiner Steigeisen in die kleinen, horizontalen Leisten des Felsens, meide die Fixseile und – bete. Bete darum, dass die Würfel diesmal zu meinen Gunsten fallen. Ich komme voran, komme zu der Stelle, die man im Kletterjargon »Schlüsselstelle« nennt. Werde ich sie überwinden können? Ich taste nach einem Fixseil, ohne Handschuhe ein leichteres Unterfangen, kriege eines zu fassen, ziehe probehalber daran, überwinde mich. Ankommen ist schön. Amen.

Ich kauere mich auf den Boden, das heißt, es kauert mich auf den Boden. Atmen. Ich lasse mir Zeit, mich zu erholen. Als ich aufschaue, beginnt sich am Horizont der Himmel orange-violett zu verfärben. Nacht und Tag geben sich die Hand. Es ist vier Uhr dreißig. Ich verstaue meine Stirnlampe im Rucksack und entdecke einige Meter unter mir den Waving Man. Zum Bild erstarrt, hat er sich der Größe und der Kraft des Berges ergeben. Die Begegnung mit ihm fällt mir leichter als jene mit dem Sleeping Man. Der Tag kennt nicht so viele Schrecken wie die Nacht.

Ich tue, was Russell mir empfahl, ich wechsle die zweite – nun bis auf einen Drittel leere – Flasche mit der letzten vollen aus. Bevor ich den Regler umschraube, kontrolliere ich den Druck der neuen Flasche – alles in bester Ordnung. Die zweite Flasche deponiere ich in der Nähe des winkenden Mannes. Auf dem nun beginnenden endlos scheinenden Grat ist er der einzige Referenzpunkt. Ich steige weiter. In monotonem Rhythmus Schritt für Schritt über Schnee und Eis und Fels. Schaue zurück. Robert? Keine Spur von ihm.

Nach einiger Zeit fällt mir das Atmen schwer, fühlt sich mein Rucksack an, als ob mir jemand Stein um Stein hineinpacken würde. Mir wird schwindlig. Was ist los? Atme ich keinen Sauerstoff mehr? Aber die Flasche ist doch voll! Ich gehe weiter, hoffe, dass beim nächsten Schritt alles besser wird. Aber das wird es nicht. Im Gegenteil. Ich schüttle den Rucksack vom Rücken, setze mich hin, hole die Flasche raus, kontrolliere den Druck – da ist kein Druck.

Meine dritte und letzte Sauerstoffflasche ist leer! Hat ein Leck. Der Schreck lässt mich noch atemloser werden. Bald hechle ich nur noch. Ich habe das Gefühl, wie ein Fisch an Land ersticken zu müssen. Was nun?

Es vergehen lange Sekunden, bis ich den Gedanken »Reiß die Maske vom Gesicht, du atmest sonst ständig deine verbrauchte Luft wieder ein« in die Tat umsetze. Ich ziehe die Maske vom Gesicht, atme die sehr, sehr dünne Luft von 8700 Metern ein und weiß – ich muss zurück. Zurück zum Waving Man. Zurück zu der bis auf einen Drittel leeren Flasche. Wie in Trance setze ich langsam Fuß vor Fuß, fühle mich elend. Ich will nicht zurück, aber ich muss. Ich atme nicht, ich schnappe. Wonach, weiß ich nicht. Die Luft ist Wasser.

Als ich beim Waving Man ankomme, knie ich mich hin, schöpfe Atem, spüre, wie ich müde werde. Wie eine Welle überrollt sie mich, die Müdigkeit. Kommt von weit, weit her. Als sie mich trifft, ist sie so schwer wie Blei. Augen schließen. Schlafen. Es kostet mich unheimlich viel Kraft, genau dies nicht zu tun.

Ich raffe mich auf. Wozu? Um weiterzugehen? Nein, ich muss zuerst die Flasche finden. Der einzige Referenzpunkt scheint nicht verlässlich zu sein. Oder ich habe mich einfach nicht getraut, die Flasche nahe genug beim Waving Man hinzulegen. Wo ist sie? Endlich finde ich sie. Ich wechsle den Regler von der leeren auf die zu einem Drittel volle Flasche. Mit dicken Handschuhen und einem schwindligen Kopf kein leichtes Unterfangen.

Sauerstoff. Ich atme ihn nicht, ich sauge ihn förmlich ein, trinke ihn. Fühle, wie meine Lungen voll, meine Finger, Zehen, Füße, Hände wieder warm werden. Die Müdigkeit weicht einem Wohlgefühl, das mich dazu verleitet, mich wie eine Katze zusammenzurollen und schnurrend einzuschlafen. Nein, nicht schlafen! Einatmen – ausatmen. Wach bleiben. Einatmen – ausatmen. Nach ein paar Minuten sind Schwindel, Müdigkeit, Wohlgefühl verschwunden, bin ich wieder voll da, kann ich wieder klar denken. Von all dem Sauerstoff, der mir »normalerweise« noch zur Verfügung stehen würde, habe ich nur noch einen Drittel. Was nun?

Ich klaube das Funkgerät aus meinem Daunenoverall und nehme Kontakt mit Russell auf, der im Nordcol – mit Fernglas und Funkgerät – den Kontakt zu uns Expeditionsteilnehmern aufrechterhält. »Russell, Russell from Evelyne, over!« Knacken, Surren, dann seine Stimme: »Ich verstehe dich, sprich weiter.« Die Freude, ihn zu hören, ist riesig. »Meine dritte Flasche ist leer, die zweite nur zu einem Drittel voll, und die erste liegt halb leer beim First Step. Werde ich so auf den Gipfel kommen?« Er will wissen, wo ich bin. »Beim Mann, der für immer schläft, oberhalb des Second Step.«

Seine Stimme klingt bestimmt, als er sagt: »Dein Sauerstoff wird genügen.« Russell kommt mir vor wie ein Schutzengel. Seine vier Worte sind genau die Motivationsspritze, die ich brauche. Ich stehe auf, steige zurück zu meinem liegen gelassenen Rucksack.

Mein Wettlauf beginnt. Nicht der mit der Zeit, ich bin früh genug losgegangen und bin sehr gut vorangekommen, nein, ich bekomme hier einen neuen Wettlauf vor die Füße geworfen, den mit dem Sauerstoff.

Third Step. Das letzte Hindernis. Obwohl exponiertes Gelände, ist er viel leichter zu klettern als die beiden vorangegangenen Steps. Die ersten vier Meter bestehen aus brüchigem Fels, danach wird das Gelände einfacher. Nach dem Third Step führt eine heikle Traverse in gemischtem Fels-Eis-Gelände nach rechts. Abwärts geschichtete Kalkplatten lassen meinen rasenden Puls noch schneller schlagen. Ich klettere eine weitere Traverse nach links, und dann liegt es vor mir, das lang gezogene Schneefeld vor dem Gipfel. Ein Teppich aus vom Himmel heruntergefallenen Diamanten. Darin die Spuren von Marco Siffredi. Ich stelle meine Füße in seine Tritte und denke dabei an das Sprichwort: »Wer in die Fußstapfen anderer tritt, hinterlässt keine eigenen Spuren.« Ich muss unwillkürlich schmunzeln. Diese Weisheit hat mir im Leben immer wieder Mut gegeben, das zu tun, was ich will. Hier jedoch trete ich bewusst in Marcos Fußstapfen, weil ich keine eigenen Spuren hinterlassen will, um diesen riesigen Spiegel nicht noch mehr zu zerbrechen. Viel schneller als erwartet erreiche ich den Gipfelgrat. Erfahre zum x-ten Mal, dass sich die Distanzen in dieser Höhe nicht schätzen lassen.

Als ich meinen Fuß auf den Grat setze, purzeln – wie in Zeitlupe – Gedanken durch meinen Kopf. Ich denke an Sandro, an meine Eltern, an meine Schwester und ihre Kinder, an all die, die sich – vielleicht gerade jetzt – um mich sorgen. Ich möchte ihnen sagen, es ist alles in Ordnung, ich habe alle drei Steps gut überwunden und bin nun auf dem Weg zur Muttergöttin der Erde.

Ich denke daran, dass Jürg Marmet und Ernst Schmied vor 45 Jahren schon hier waren, und ich denke an Yvette Vaucher, die Genferin, die als erste Frau die Matterhorn-Nordwand durchstiegen hat und die – ich war damals gerade vier Jahre alt – als erste Schweizerin überhaupt den Mount Everest zu ersteigen versuchte. Ich weiß noch nicht, dass sie nach meiner Rückkehr zu meinen Gratulantinnen zählen wird, eine Begegnung, die mich riesig freut.

Die Gedanken an die Menschen zu Hause verlassen mich so ruhig und langsam, wie sie gekommen sind. Ich bin wieder allein. Allein mit mir.

Ich setze Fuß vor Fuß, überwinde die letzten Höhenmeter und stehe – um circa sechs Uhr dreißig – auf dem Haupt von Chomolungma, der Muttergöttin der Erde. Dem Dach der Welt. Ein seit Jahren gehegter und lange verheimlichter Wunsch hat sich erfüllt. Jetzt. Hier. In diesem Moment. Ein traumhaft schöner Tag! Sonne und nur wenig Wind.

Marco, der Snowboarder, sitzt im Schnee, sein Kopf hängt zwischen seinen Knien, er hechelt nach Luft. Ich rufe: »Marco!« Er hebt seinen Kopf, sieht mich an, lächelt. Sein Lächeln sagt: Wir haben es geschafft.

Das Glücksgefühl lässt die Erschöpfung ins Nichts verschwinden. Ich schaue mitten in eine unendlich scheinende Weite hinein. Die Welt besteht aus Gipfeln, Gletschern, Fels und Schnee, grauweißen Schäfchenwolken und einem tiefblauen Himmel, der sich schützend über die Erde wölbt. Einem Himmel, der am Horizont dieses spezielle Blau annimmt, das ich in Gletscherspalten finde.

Nach ein paar Minuten holt mich die Wirklichkeit ein. Raufkommen ist das eine. Absteigen und gesund runterkommen das andere.

Ich setze mich zu Marco. Er wirkt fahrig, nervös, scheint mich kaum wahrzunehmen, ist in sich gekehrt, versunken. Ich störe ihn, frage, wie es mit seiner Sauerstoffreserve stehe. Da er die Nordwand hinunterfahren wird, hat er unterwegs keine Flaschen deponiert, hat alle drei nach oben geschleppt. Eine davon, sagt er, könne er mir abgeben, er sei sogar froh, dann hätte er weniger Gewicht in seinem Rucksack.

Seine Großzügigkeit ermöglicht es mir, den Gipfel zu genießen. Der Moment darf dauern. Ich bleibe sitzen, staune, versuche, meine Gefühle zu ordnen. Ich empfinde weder Stolz noch Freude, sondern eine innere Ruhe und Dankbarkeit. Die tiefsten Gefühle aber sind Demut und Bescheidenheit. Demut vor der Schöpfung, vor der Vollkommenheit der Natur. Die Menschen glauben an ein Paradies nach dem Tod. Und vergessen dabei das Paradies auf Erden. Bescheidenheit, weil ich hier oben meine eigene Vergänglichkeit in aller Deutlichkeit erkenne. Was nicht bedrohlich ist. Im Gegenteil. Es ist tröstlich, dass ich winziger Mensch meine Lebensreise eingebettet in einem unendlichen Universum machen darf.

Als ich Marco jemanden grüßen höre, werde ich aus meinen Gedanken gerissen. Ich sehe Lobsang die letzten paar Schritte auf den Gipfel machen. Er nickt uns zu, legt Marcos Snowboard in den

Schnee, begrüßt dann weitere Sherpas, die von der Südseite her soeben angekommen sind. Ich klaube meinen kleinen Fotoapparat aus dem Daunenoverall. Klick-klick-klick. Bis jetzt habe ich mich immer darauf verlassen, dass ich Bilder im Kopf behalten und sie abrufen kann, wann immer mir danach zu Mute ist. Aber diesen Moment muss auch ich festhalten.

Plötzlich erinnere ich mich an Ernst Schmieds Stein, den ich die ganze Zeit über bei mir getragen habe. Ich müsste ihn nun hierher zurücklegen, doch ich kann mich nicht dazu entschließen. Er hat mir Glück gebracht, ich habe ihn gern gewonnen, soll ich ihn einfach weggeben?

Ich schaue auf die Uhr, kann es kaum glauben, es ist bereits acht Uhr. Anderthalb Stunden war ich hier – ich will zurück. Ich hole den Stein aus meiner Hosentasche, halte ihn in der Hand.

Von Süden, von Nepal her, erreichen nun immer mehr Leute den Gipfel. Sie klopfen sich gegenseitig auf die Schultern, jubeln. Ich freue mich für sie, doch ihre Freude ist mir zu überschwänglich. Es ist zu spät. Ich habe den richtigen Augenblick verpasst, dem Berg den Stein zurückzugeben. Ich entschließe mich, ihn wieder hinunterzutragen, mit nach Hause zu nehmen.

Marco schnallt sein Snowboard an, ich wünsche ihm Glück, verabschiede mich von Lobsang, werfe einen letzten Blick in die Weite und auf die von Sherpas hier aufgehängten Gebetsfahnen, die der Wind flattern lässt. »Ja, Pferde, lauft.« Dann steige ich, langsam Fuß vor Fuß setzend, wieder ab.

Nach ungefähr hundert Höhenmetern treffe ich oberhalb des Third Step auf Robert und wundere mich darüber, dass ich während der letzten Stunden vergessen habe, mir Sorgen um ihn zu machen. »Wo warst du so lange?«, frage ich ihn. Er bleibt stehen, sagt: »Die Reparatur an meinem Sauerstoffgerät hat nichts gebracht, ich musste mir die Maske immer wieder vom Gesicht reißen, minutenlang hecheln. Karsang hat seine Maske mit meiner getauscht.« Mir wird sofort klar, dass Karsangs Herzenswunsch, der erste Yak-Mann auf dem Mount Everest zu sein, dadurch gefährdet ist. Ich hoffe von ganzem Herzen, dass er es trotzdem schafft.

Robert ist vom Kräfteverschleiß der ersten Aufstiegsstunden so entmutigt, dass er meint: »Wahrscheinlich schaffe ich den Gipfel nicht.«

»Blödsinn«, erwidere ich, »du bist so nah dran. Hey, du hast den Third Step hinter dir, jetzt geht es nicht mehr lange, dann bist du oben – du schaffst das!« Robert bezweifelt aber, dass sein Sauerstoff bis zum Gipfel reichen würde. Als wir die Anzeige seiner Flasche kontrollieren, die noch bis auf ein Drittel gefüllt ist, trifft Lobsang auf uns. Er weiß, welche Probleme Robert hatte, und überlässt ihm eine seiner noch vollen Sauerstoffflaschen. Nun würde Robert sicher nach oben und auch wieder heil nach unten kommen. Wir verabschieden uns. Robert geht in Richtung Gipfel. Ich gehe in Richtung Third Step. Dort angekommen, klettere ich vorsichtig ab.

Als ich unten bin, treffe ich – es ist inzwischen halb zehn Uhr – auf Chris und seine Leute, kurz darauf begegne ich den beiden andern Bergführern Asmus und Andy, die mit dem Guatemalteken Jaime Vinals unterwegs sind. Andy fragt mich: »Wie weit ist es noch bis zum Gipfel?«

Er wirkt abgekämpft, entmutigt. Doch das beunruhigt mich nicht weiter – ich bin sicher, dass sie alle bald oben stehen würden. Ich verabschiede mich, gehe weiter, drehe mich dann aber doch noch einmal zu der kleinen Gruppe um und wundere mich, wie langsam sie vorwärts kommen. Sorgen mache ich mir aber keine.

Beim Second Step hänge ich eines der Fixseile in meinen Abseilachter und seile mich ab. Was so mühsam zu erklettern war, lasse ich nun ganz leicht hinter mir. Danach fällt es mir immer schwerer zu gehen. Auf dem Gipfel stehend, hätte ich schwören können, dass ich den Abstieg auch ohne Sauerstoff schaffen würde, jetzt bin ich froh, als ich oberhalb des First Step Marcos inzwischen fast leere Sauerstoffflasche mit der von mir zurückgelassenen auswechseln kann. Dann seile ich mich abermals ab, gehe weiter. Nicht weit, dann bleibe ich abrupt stehen. Die Amerikanerin! Ich habe vergessen, dass auch sie mich noch erwartet. Sie liegt – wie Russell es uns erzählt hat – kerzengerade auf dem Rücken. So, wie man nur daliegen kann, wenn man sich absolut geborgen und aufgehoben fühlt.

Anhalten, weitergehen, abseilen, geradeaus gehen. All das erschöpft mich mehr, als ich mir je hätte vorstellen können. Jetzt wird mir klar, weshalb die meisten Todesfälle beim Abstieg geschehen. Es sind der fehlende Enthusiasmus, bald oben zu stehen, und die Tatsache, dass man auf dem Weg zum Gipfel viel Kraft und Energie verbraucht hat. Als ich beim Sleeping Man vorbeikomme, verabschiede ich mich still von ihm.

Lager IV, Lager III, Lager II. Nie mehr hier oben schlafen müssen! Ich gehe weiter über die lange Firnflanke, die mich zum Nordcol führt. In ihrer Monotonie verlangt sie mir abermals alles ab. Bald fühle ich mich so kraft- und energielos, dass ich mich – fast willenlos – in den Schnee setze. Am liebsten würde ich sitzen bleiben und schlafen, aber ich zwinge mich auf die Beine, steige weiter ab. Bald jedoch holt mich die Sehnsucht nach dem »Einfach-nur-hier-sitzen-wollen-dürfen-Können« von neuem ein. Ich setze mich in den Schnee. Zwinge mich wieder auf die Beine.

Nordcol – endlich! Sitzen dürfen. Doch ich möchte nur noch eines – trinken. Mein Mund fühlt sich unglaublich trocken an, mein ganzer Körper schmerzt. Trinken, jetzt nur trinken. Ich gehe zum Zelt, in dem ich Russell vermute. Er wird Tee bei sich haben. Ich öffne den Reißverschluss des Igluzeltes – niemand da. Ich schlucke meine Enttäuschung hinunter. Das Schlucken tut weh. Meine Zunge klebt am Gaumen, meine Lippen sind ausgetrocknet.

Ich rufe nach Russell, bringe nur ein jämmerliches Gekrächze zu Stande. Später sollte ich erfahren, dass Russell in Richtung Westen abgestiegen war, um Marco zu filmen, wie er auf dem Snowboard das »Great Couloir«, das auch unter dem Namen »Norton Couloir« bekannt ist, hinunterfuhr.

Ich muss etwas trinken, sonst schaffe ich es nicht zurück zum ABC. Ich werfe den Rucksack auf den Boden und lasse mich auf die Knie fallen. Durst, Durst, Durst. Ich stehe auf, gehe ein paar Schritte, krieche auf der Suche nach einem Kocher in unsere Zelte hinein. Finde keinen. Offenbar wurden sämtliche Kocher in die höheren Lager gebracht. Aber es muss doch irgendwo einen Kocher geben! Ich suche weiter – nichts. Ohne Kocher nichts zu trinken. Ohne zu trinken ein mörderischer Abstieg ins ABC.

Plötzlich höre ich jemanden meinen Namen rufen. Es ist Bob, ein Freund Russells, der mit einer anderen Expedition unterwegs ist. Als er mich sieht, gibt er mir seine Trinkflasche. Ich leere sie, bedanke mich mit einem Nicken. Bob lächelt, er versteht, dass mir nicht nach Reden zu Mute ist. Gegen dreizehn Uhr mache ich mich auf den Abstieg zum ABC. Der Weg scheint endlos, wie in Trance setze ich Fuß vor Fuß.

Als ich endlich ankomme, gehe ich ins Esszelt, um zu trinken, essen mag ich nichts. Es dauert ein paar Minuten, bis ich realisiere: Ich bin zurück. Eine Welle des Glücks durchflutet meinen geschundenen, dehydrierten und längst unterernährten Körper. Durch die Anspannung der letzten Tage läuft er noch immer auf Hochtouren. Ich bin zwar erschöpft und ausgelaugt, aber – nicht müde. Ich möchte mich mitteilen, mit jemandem sprechen, aber ich bin allein.

Das ABC gleicht einer Geisterstadt. Niemand hier. Niemand? Doch, Owen ist da, ein Amerikaner, der mir erzählt, er habe sich nach dem First Step schier den Magen ausgekotzt und sich daraufhin zur Umkehr entschlossen.

Als er mich wieder allein lässt, bleibe ich sitzen. Der Erfolg scheint bereits meilenweit hinter mir zu liegen. Ich fühle mich leer. So leer wie Bobs Trinkflasche nach meiner Durstattacke im Nordcol. Ich realisiere, wie sehr auch meine Psyche gelitten hat, spüre ganz klar meine Grenzen.

Das Warten der letzten Tage war eine Qual. Die Ungewissheit aber, die mich seit Monaten begleitete, war eine Tortur. Wie oft fragte ich mich: Werde ich meine Chance bekommen? Wird das Wetter mitspielen? Werde ich den richtigen Moment wählen, um loszuziehen? Werde ich tatsächlich auf dem Gipfel stehen? Werde ich gesund wieder zurückkehren?

Jetzt, wo ich alle Fragen mit Ja beantworten kann, fühle ich nichts.

Um dieses Vakuum zu füllen, stelle ich mir neue Fragen. Was machen die andern? Waren sie alle oben? Sind sie bereits auf dem Abstieg? Sind sie alle gesund?

Ich will, ich muss wissen, wie es meinen Freunden geht, deshalb begebe ich mich ins Kommunikationszelt. Hier kann ich Russell über Funk zuhören, wie er vom Nordcol aus mit seinen Bergführern und den Sherpas spricht. Verklebt und verkrustet, wie ich bin, setze ich mich hin, höre über Funk Russells Stimme. Sie trifft mich wie ein Peitschenhieb. Sie zittert. Russells Stimme zittert. Und sie fleht. Noch nie habe ich Russell so sprechen hören.

»Andy, Andy«, ruft er. Und nochmals: »Andy! Talk to me, please talk to me. Over.« Andy, bitte sprich mit mir. Dann Stille. Andy antwortet nicht. Mein Herz krampft sich zusammen, mir kommen die Tränen, ich schlucke sie hinunter.

Wieder Russells Stimme: »Andy, Andy, talk to me, over.« Wieder und wieder: »Andy, Andy, sprich mit mir, hörst du mich, ich bin's, Russell. Andy, du *musst* mir antworten, ich *muss* wissen, wie es euch geht, Andy, sprich. Over.«

Russells eindringliche Stimme macht mir Angst. Was ist mit Andy? Ist er abgestürzt? Nein, da ist sie, Andys Stimme. Schwach und sehr heiser. Er meldet, er sei zusammen mit Jaime, dem Guatemalteken aus unserem Team, oberhalb des Third Step auf 8700 Metern. Jaime sei blind und weigere sich, weiter abzusteigen.

Wie? Es durchfährt mich. Ich schaue auf die Uhr, fünf Uhr nachmittags, und die beiden sind noch immer in der Todeszone? Das ist unmöglich! Nicht Andy, der immer so wohl überlegt und korrekt handelt. Wenn er so spät noch dort oben ist, bedeutet das, dass er dem Gipfelfieber nicht hatte widerstehen können und nach zwölf Uhr den Aufstieg nicht abgebrochen hat. Warum? Warum nur?

Blutleer. Hilflos. Da oben sind zwei Menschen und brauchen Hilfe, und uns sind die Hände gebunden. Niemand, nicht einmal die Sherpas, die im Lager IV sein dürften, würden die Kraft aufbringen, heute nochmals aufzusteigen. Ich weiß, täten sie es trotzdem, würden sie sich selbst in Lebensgefahr bringen. Andy und Jaime müssen die Kraft finden, alleine hinunterzusteigen! Bald ist in meinem Kopf nur noch ein Wort: müssen. Müssen, müssen, müssen. Wie ein Rosenkranz bete ich es herunter. Sie müssen, müssen, müssen, müssen die Kraft finden. Eine Nacht in dieser Höhe bedeutet den sicheren Tod.

Ich fühle, dass ich jetzt mehr ertragen muss, als mir lieb ist. Ich fühle mich absolut elend. Elend auch für Russell, der inzwischen wohl ganz allein im Nordcol, im ewigen Eis und in der Kälte sitzt und zu retten versucht, was noch zu retten ist. Wenn es überhaupt noch was zu retten gibt. Er betet nicht, er bettelt: »Andy, ihr müsst absteigen, over.« Immer wieder: »Andy, ihr müsst absteigen.«

Erfolg und Misserfolg. Was ist es wert, auf dem höchsten Gipfel der Welt gestanden zu haben, wenn Stunden später Menschen, mit denen man auf engstem Raum und unter härtesten Bedingungen zusammengelebt hat, die man lieb bekommen und schätzen gelernt hat, an demselben Berg sterben müssen? »Oh Gott, bitte lass Jaime und Andy nicht sterben, bitte nicht.«

Wieder höre ich Russells Stimme am Funk. Sie hört sich ein wenig gefasster an. Russell sagt das, was wohl jeder in seiner Situation sagen würde: »Andy, lass Jaime zurück, decke ihn mit der Rettungsdecke zu, du aber steig ins Lager IV ab – hörst du mich –, gib Jaime deinen Sauerstoff, aber verbringe du die Nacht im Lager IV, over.«

Ich weiß, dass Russell die Hölle kennt, die dort oben auf Andy und Jaime wartet. Einmal musste er selbst eine Nacht oberhalb 8600 Metern verbringen – ohne Sauerstoff. Er sei an den Rand des Wahnsinns gekommen, erzählte er mir, habe dem Tod direkt in die Augen gesehen und sehr viel Glück gehabt, dass er, ohne Schaden zu nehmen, davongekommen sei.

Andy antwortet nicht. Russell gibt nicht auf. Immer wieder sagt er: »Andy, du *musst* absteigen, das ist ein Befehl, wir werden uns morgen um Jaime kümmern, steig du ab.« Keine Antwort. Ich ahne, weshalb. Andy antwortet nicht, weil er weiß, dass Russell mit dem, was er zu sagen hätte, nicht einverstanden wäre. Andy schweigt, weil er seine Entscheidung längst getroffen hat.

Ich werde müde, jede Zelle meines Körpers verlangt nach Ruhe und Schlaf. Und nach Tee. Durst! Hunger? Nein, seit vier Tagen keinen Hunger. Nur Durst. Ich weiß, ich sollte aufstehen, ins Esszelt gehen, trinken. Aber ich kann nicht, regungslos starre ich das Funkgerät an. Tränen? Keine.

Die Zeit scheint zu rasen. Ich schaue auf die Uhr – bereits halb elf Uhr. Die Nacht mit ihren bis zu dreißig Grad minus auf 8700 Metern hat längst begonnen. Da knackt der Funk – es ist Asmus, der norwegische Führer. »Nordcol, Nordcol, hier Asmus«, funkt er Russell zu, »ich bin im Lager IV, Andy und Jaime haben den Abstieg bis unter den Third Step geschafft, wollen aber nicht weiter, ich habe ihnen vom Second Step Sauerstoff gebracht. Andy will nicht ins Lager IV, Andy bleibt bei Jaime.«

»Nein!« Es geht lange, bis ich begreife, dass ich es war, die geschrien hat. Ich schrie, weil Andy genau das getan hat, was ich längst vermutete. Er ist beim blinden Jaime geblieben und hat damit sein eigenes Todesurteil unterschrieben. Endlich weine ich. Ich weine über den Schmerz, den ich für Andy und Jaime empfinde. Aber nicht nur. Ich weine auch aus Dankbarkeit für Asmus. Seine Leistung, den beiden Sauerstoff zu bringen, ist enorm. Nein, sie ist so groß, dass man sie nicht mit Worten ausdrücken kann.

Russell klingt weit weg, als er Asmus über Funk fragt: »Andy bleibt oben? Weshalb tut er das?« Seine Stimme ist so leise, als frage er sich selbst.

Asmus scheint verwirrt, unendlich müde antwortet er: »Ich weiß nicht, ich weiß nicht, ich – ich weiß es nicht.« Dann spricht er klarer: »Andy sagte mir, er habe keine Kraft mehr, bat mich, alleine abzusteigen. Ich bin müde. Sehr, sehr müde. Andy ist einfach liegen geblieben.« Asmus' Stimme wird leiser: »Andy wollte nicht aufstehen, wollte nicht ins Lager IV. Andy ist bei Jaime geblieben.«

Russell funkt zurück: »Du hast einen guten Job gemacht, Asmus, du hast alles richtig gemacht, nun schlaf, over.«

Meine Empfindungen wirbeln durcheinander. Die Bilder vor meinen Augen verschwimmen. Endlich raffe ich mich auf, gehe etwas trinken, dann zum Satellitentelefon. Ich telefoniere mit meiner Mutter, sage: »Mum, ich bi dobe gsi!« Ich höre ihr Lachen, spüre ihre Erleichterung, dann bricht die Verbindung ab.

Ich versuche, Sandro zu erreichen. Als es endlich klappt, höre ich seine Stimme nur kurz, sie wird leiser, verschwindet im All, die Verbindung bricht aber nicht ab, und weil ich hoffe, er höre wenigstens mich, sage ich ihm, ich sei gesund zurück und würde ihn morgen nochmals anrufen.

Traurig und müde gehe ich zu meinem Zelt. Auf dem Weg begegne ich Robert. Ich freue mich mit ihm, dass er den Gipfel geschafft hat, und ich bin erleichtert, dass er heil wieder hinuntergekommen ist. Robert weiß Bescheid über Andys und Jaimes Situation. Er traf im Nordcol auf Russell, der ihm davon erzählte.

Ich verkrieche mich in mein Zelt, lege mich samt meiner Traurigkeit in den Schlafsack. Denke an Andy und Jaime, die, der Nacht schutzlos ausgeliefert, dem Tod auszuweichen versuchen.

24. Mai 2001. Ich erwache früh, fühle mich erschöpft. Andy, Jaime! Ich stehe auf. Weil ich mich davor fürchte, erfahren zu müssen, dass die beiden die Nacht nicht überlebt haben, gehe ich nicht ins Kommunikationszelt, sondern ins Esszelt. Dort löse ich Milch- und Schokoladenpulver in Wasser auf und zwinge mich, das Gebräu zu trinken. Ich »tigere« auf und ab.

Schließlich halte ich es nicht mehr aus und gehe zum Kommunikationszelt. Als ich eintrete, stolpere ich beinahe über Robert. Er habe, erzählt er mir, soeben seine Frau angerufen, habe ihr gesagt, er sei oben gewesen und gesund zurück.

Ich telefoniere mit Sandro, diesmal klappt es. Es ist schön, seine Stimme zu hören. Wie sehr habe ich sie vermisst, seit ich sie vor rund zwei Monaten das letzte Mal gehört habe. Ich erzähle ihm, was vorgefallen ist, hoffe damit, meine Ängste mit jemandem teilen zu können. Eine Illusion. Er ist dort, ich bin hier. Es ist nicht nur die Distanz, die uns trennt, es ist auch der Umstand, dass ich mich außerhalb der »normalen« Welt befinde. Physisch wie psychisch. Das Gefühlswirrwarr der vergangenen Tage holt mich ein. Ich kann es am Telefon nicht in Worte fassen. Unmöglich. Wie könnte ich in fünf Minuten erklären, auf welchem Grat der Freude, des absoluten Glücks, der Hoffnung, des Leidens und der abgrundtiefen Trostlosigkeit ich mich bewege? Ich möchte jetzt bloß zuhören, möchte, dass Sandro mir von seiner Welt erzählt. Doch die Verbindung ist so schlecht, dass wir uns bald verabschieden. Ich schicke einen Kuss durch die Leitung und hänge auf. Kehre zurück in meine Welt, in die des Berges, in das Hier und Jetzt und Heute.

Ich frage Robert, ob er wisse, was mit Andy und Jaime sei. Bevor er antworten kann, vernehmen wir Russells Stimme am Funk. Sie zittert. Diesmal vor Erleichterung. »Sie haben sich bewegt, Andy und Jaime bewegen sich, hört ihr? Sie haben die Nacht überlebt.«

Zwei Stunden später ist alle Hoffnung wieder weg. Russells Stimme ist jetzt ganz leise und zeugt davon, dass er die ganze Nacht wohl kein Auge zugemacht hat. Er informiert uns, dass Andy in den letzten zwei Stunden bloß fünfzig und Jaime nur zehn Meter vorwärts gekommen seien. Und dass im Lager III, auf 7900 Metern, ein Australier an Erschöpfung gestorben sei. Ich fühle mich wie ein gefangenes Tier. Ich möchte rauf, möchte Andy zu trinken bringen, so selbstlos, wie auch er mir Tee gebracht hat. Möchte hinauf, möchte helfen. Doch die 2300 Höhenmeter, die mich von Andy und Jaime trennen, sind unmöglich zu überbrücken, so unmöglich, wie wenn ich versuchen würde, in einer Nußschale über den Ozean zu segeln.

Doch dann kommt wieder Hoffnung auf. Die amerikanische Expedition, die unter der Leitung von Dave Hahn nach Spuren von Mallorys und Irvines Expedition sucht, will heute in Richtung Gipfel. Chris, der zusammen mit Asmus im Lager IV ist, hat Dave gebeten, für Andy und Jaime Sauerstoff mitzunehmen, und er hat sich bereit erklärt. In dieser Höhe keine Selbstverständlichkeit.

Ich bleibe im Kommunikationszelt. Warte. Es ist das Einzige, was ich tun kann. Warten. Auf weitere Funksprüche von Russell. Ich erfahre, dass Dave und seine Kollegen Jason und Tap auf 8600 Metern drei völlig erschöpfte Russen angetroffen haben, die dringend Hilfe benötigen, da sie die Nacht ebenfalls im Freien verbringen mussten. Dave jagt ihnen eine Spritze mit Dexamethason, dem wirkungsvollsten Mittel gegen akute Höhenkrankheit, durch den Overall in die Oberschenkel und gibt ihnen die Hälfte des Sauerstoffs, der für Andy und Jaime vorgesehen ist. Während er bei den Russen bleibt, klettern Tap und Jason weiter zu Andy und Jaime. Dave versorgt die Russen so lange, bis zwei von ihnen sich so weit erholt haben, dass sie absteigen können. Der Dritte aber scheint leblos zu sein, hat keinen Puls mehr.

Dave verabschiedet sich von den absteigenden Russen und lässt den Dritten liegen, steigt zu seinen beiden Freunden hoch, die bereits bei Andy und Jaime angekommen sind. Andy trafen sie ohne seine Handschuhe an. Er vergaß, sie wieder anzuziehen, nachdem er vergeblich versucht hatte, die leeren Batterien seines Funkgeräts durch neue zu ersetzen.

Jaime weigert sich aufzustehen, klagt darüber, nichts mehr sehen zu können. Er will schlafen, nicht absteigen, nur schlafen. Auch Andy und Jaime bekommen Dexamethason durch die Kleider in den Oberschenkel gerammt.

Ich bete, bettle, bitte: »Lieber Gott, lass die beiden nicht sterben.« Dann höre ich Russells Stimme, er sagt, er habe durch das Fernglas gesehen, wie der für tot erklärte Russe einen letzten Energieschub gehabt habe, wie er seinen Rucksack über die Nordwand geworfen habe und dann hinterhergesprungen sei. »2000 Meter in den Tod«, durchfährt es mich. Wieder Russells Stimme: «Die beiden andern Russen haben das Topcamp erreicht, es scheint ihnen den Umständen entsprechend gut zu gehen.»

Die Mitglieder der russischen Expedition warten hier im ABC auf ihre vermissten Freunde. Sie haben mich gebeten, sie zu informieren, falls es Neuigkeiten gäbe. Hätten sie nicht mich gefragt, würden jetzt vielleicht Robert oder Owen aufstehen, um ihnen die traurige Nachricht zu überbringen. Haben sie aber nicht. Also stehe ich auf, verlasse unser Kommunikationszelt, setze Fuß vor Fuß, um über die Moräne zum Russencamp hinunterzusteigen. Ich gehe langsam. Was ich zu sagen habe, hat Zeit. Ich fühle mich stumpf.

Die Russen sitzen vor ihren Zelten auf Steinen, sehen wortlos zu, wie ich mich zu ihnen setze, schauen mich fragend an. Keiner redet. Nach den letzten Stunden bin ich unfähig, Emotionen zu spüren, geschweige denn, welche zu zeigen. Es ist, als hätte ich den Schlüssel zu meiner Seele verloren. Meine Gefühle sind taub, meine Empfindungen wie eingeschläfert. Als ich endlich sage: »Zwei von euch sind im Topcamp angekommen, der Dritte ist über die Nordwand in den Tod gestürzt«, klingt das etwa so, wie wenn ich sagen würde: »Lasst uns Tee für eure Freunde kochen, sie haben Fieber.«

Ich könnte jetzt wieder gehen, doch ich bleibe sitzen. Einer der Russen – er hat ein gütiges, mit tausend Runzeln durchfurchtes Gesicht – bringt mir etwas zu trinken und bietet mir eine seiner Camel-Zigaretten an. Das rührt mich. Ich weiß, die russische Expedition hat von allem zu wenig.

Schweigeminuten. Endlich stehe ich auf, gebe jedem der Männer die Hand. Ihre Blicke sagen mehr als tausend Worte. Dann gehe ich zurück ins Kommunikationszelt.

Dort erfahre ich, dass unsere beiden Sherpas Lobsang und Phurba bei Andy und Jaime angekommen sind, die noch immer von den drei Amerikanern betreut werden. Ich höre über Funk, dass Andy ohne Hilfe gehen und Jaime wieder sehen kann. Das Medikament hat offensichtlich Wunder gewirkt. Vor Freude schlage ich mit der Faust auf den Tisch. Owen und ich umarmen uns aus lauter Freude. Doch Minuten später erfahre ich, dass sich die Situation wieder verschlechtert hat – nichts ist sicher.

Jaime kann zwar sehen, lallt aber immer wieder denselben Satz: »Ich will nicht aufstehen, ich will nur hier bleiben und schlafen. Lasst mich schlafen.« Dave und Phurba schreien ihn an, er solle endlich seinen lahmen Hintern bewegen, ziehen ihn auf die Füße, stützen ihn ein paar Schritte. Wieder bricht Jaime zusammen. Will nur eines: schlafen, endlich schlafen. Dave erzählt mir später, es sei der absolute Alptraum gewesen, Jaime zu betreuen. Es habe ihn völlig erschöpft, so dass er sich manchmal gewünscht habe, es nähme ein Ende und Jaime würde vom Wind über die Wechte gefegt. Auf der anderen Seite aber habe er nie die Hoffnung aufgegeben, Jaime doch noch lebend aus dieser Hölle befreien zu können. Er, Dave, habe ihm immer wieder gesagt, er dürfe nicht aufgeben, er habe doch eine Familie. Und Jaime habe geantwortet: »Ja, meine Frau ist schwanger.« Daraufhin habe er ein paar Schritte gemacht, sei aber immer wieder von neuem zusammengebrochen, habe verlangt, in Ruhe gelassen zu werden, um endlich schlafen zu können. Jaime sei wohl so glücklich gewesen, die Nacht überlebt zu haben, dass er keinen Gedanken an den Tod verschwendet habe. Interessanterweise, erzählt Dave weiter, habe der Gipfel in dem Moment aufgehört zu existieren, als er Andy und Jaime angetroffen habe. Etwas, was er nie für möglich gehalten hätte. Immer habe er behauptet, oberhalb 8000 Metern sei kein Platz für Emotionen. Nun habe ihn der Berg etwas anderes gelehrt.

Gegen sechzehn Uhr funkt Russell: »Alle haben das Topcamp auf 8400 Metern erreicht. Jaime geht es besser als Andy. Andy hat sehr starke Erfrierungen an Gesicht, Händen und Füßen.« Die, das sollte ich nachträglich erfahren, zog sich Andy zu, weil er sich während der Nacht schützend über Jaime gelegt hatte.

Die kleine Gruppe wird die folgende Nacht abermals in der Todeszone verbringen müssen. Der Gedanke, dass sie jetzt wenigstens ein Zelt und Schlafsäcke haben, tröstet mich ein ganz klein wenig.

25. Mai 2001. Russell kommt als Erster im ABC an. Er sieht hundemüde aus. Redet nicht. Ich weiß, so nah wie bei dieser Expedition ist er dem Unglück noch nie gekommen. Ich lasse ihn allein.

Endlich, endlich, endlich. Um fünf Uhr nachmittags sehen wir Andy und Jaime, gestützt von Chris, Asmus, Lobsang und Phurba, über die Gletscherzunge absteigen. Russell, Robert und ich gehen ihnen entgegen. Die Rucksäcke voll gepackt mit Wasser. Oberhalb des so genannten Cramponpoint macht Russell Halt, er braucht Zeit. Robert bleibt bei ihm, ich gehe weiter, am Fuß des steilen Abstiegs vom Nordcol begrüße ich Chris, dann Asmus, gehe schließlich zu Andy. Von den Strapazen der vergangenen Stunden und mit seiner schwarz gefrorenen Nase sieht er aus wie der, dem er entronnen ist. Ich umarme ihn ganz vorsichtig. Mit seiner heiseren Stimme sagt er: »Evelyne, ich dachte die ganze Zeit an den Gottessegen, den du mir vor dem Aufbruch gegeben hast. Ich habe gewusst, dass er mir helfen wird.«

Der Wind peitscht uns Schneekristalle ins Gesicht. Ich lasse ihn allein weitergehen, um Jaime zu helfen. Jaime torkelt in alle Himmelsrichtungen. Ich drehe ihn jedes Mal von hinten in die richtige Laufrichtung und stütze ihn, wenn er zusammenzubrechen droht.

Als wir bei Robert und Russell ankommen, sehe ich, dass Russell weint. Tränen der Erlösung. Alle sind zurück. Ich gehe auf ihn zu, umarme ihn, versuche, etwas zu sagen, weiß nicht, was, bringe nur ein heiseres »Hey« heraus. Als wir aufbrechen, spüren wir, der Berg will endlich seine Ruhe wiederhaben.

26. Mai 2001. Ich erwache frühmorgens, ziehe den Reißverschluss meines Zeltes auf. Das ABC hat sich über Nacht in eine Winterlandschaft verwandelt. Dicke Wolken, dicke Flocken. Nicht schon wieder Schnee!

Nach dem Frühstück besuche ich Andy in seinem Zelt. Ich bin überrascht, wie ordentlich es hier ist. Andy hat Glöckchen aufgehängt und Fotos. Jedes Ding hat seinen Platz. Ich setze mich an seine Seite und stelle ihm die Frage, die mir nicht aus dem Kopf will: »Warum hast du die Zeit überschritten, Andy, warum gingst du nach zwölf noch hoch?« Und Andy erzählt mir, dass er seit zwanzig Jahren vom Mount Everest träume. Er träume vom letzten Grat vor dem Gipfel, sehe dessen weiche, schneebedeckte Wölbung und wisse, er müsse nochmals rauf und wieder rauf, so lange rauf, bis er den Traum nicht mehr träume. Er habe den Mount Everest zweimal von der Südseite her geklettert. Einmal mit und einmal ohne Sauerstoff.

Er glaube, dass es der Geist Irvines gewesen sei, der ihn angetrieben habe, die Muttergöttin der Erde nun auch noch von Norden her zu klettern.

Er fragt mich, ob ich ihn verstehe, und ich erzähle ihm meine Patagonien-Geschichte. Nicht, weil ich denke, dass es ihn tröstet, sondern weil ich denke, dass es ihm leichter fällt, zuzuhören als zu sprechen. Er schläft ein. Ich erzähle weiter.

Als er aufwacht, steht er auf, sagt: »Jetzt habe ich ihn auch von der Nordseite her bestiegen, jetzt habe ich meine Ruhe.« Er versucht aufzustehen, ich helfe ihm. Er spricht weiter: »Ich habe meine Beziehung wegen des Mount Everest oft aufs Spiel gesetzt.« Dann hinkt er auf seinen schwarz gefrorenen Füßen zum Kommunikationszelt. Als er zurückkommt, lächelt er glücklich. Er hatte seine Freundin angerufen und sie gefragt, ob sie seine Frau werden wolle.

27. Mai 2001. Während die Sherpas Lager II und III hinunterhieven werden, werden wir das Nordcol räumen. Das bedeutet, dass ich nochmals auf 7000 Meter zurücksteigen muss. Mir fehlt jegliche Motivation dazu. Der Weg vom ABC zum Nordcol wird zum Kraftakt. Robert hingegen hat wieder neue Kräfte gesammelt – ich frage mich bloß, wie. Er steigt nicht, er rast geradezu hinauf.

29. Mai 2001. Der Berg bekommt seine Ruhe, wir steigen ins Basislager zurück. 22 Kilometer, 1200 Höhenmeter. Ein letztes Mal. Endlich. Die Heimreise beginnt.

Andy hat starke Schmerzen. Jeder Schritt ist eine Qual. Wir legen den zwei Meter großen Mann auf eine Tragbahre, steigen damit über das unwegsame Moränengelände und geben nach einem Kilometer völlig entkräftet auf. Die Russen stellen uns daraufhin eines ihrer Yaks zur Verfügung. Nun kann Andy ins Tal reiten. Eine schmerzhafte Reise.

Am Abend sitzen wir alle im Esszelt unseres Basislagers. Wir teilen unsere restlichen Esswaren – Wurst, Käse, Biskuits. Ann, eine

Französin, bringt Champagner und Wein. Wir sind zurück. Zu Hause, irgendwie. Die letzten Wochen haben uns zu einer Familie werden lassen.

Wir trinken, essen, lassen die Freude ins Unermessliche steigen. Wir begießen unsere Begegnung mit dem Berg, trinken auf zwei Monate Leidenszeit, Entbehrung, Hoffnung. Auf zwei Monate Steinzeit. Und letztlich trinkt jeder auf seine eigene Geschichte und auf seine eigenen Erfahrungen, die der Mount Everest für ihn bereitgehalten hat.

Nein, ich trinke nicht darauf, als erste Schweizerin auf dem Dach der Welt gestanden zu haben, sondern ich proste mir zu auf das, was ich hier erleben durfte. Und das war nicht nur der lange Weg auf den höchsten Punkt der Erde und meine glückliche Rückkehr. Es war mehr. Viel, viel mehr. Die Muttergöttin der Erde hat mich darin bestätigt, nicht den einfachen Weg zu gehen, sondern mich mit all meinen Kräften neuen Herausforderungen zu stellen, an meine Visionen zu glauben und mit Geduld und Vertrauen diese zu verwirklichen. Atemzug um Atemzug. Schritt für Schritt.

Nachwort der Verfasserin

Evelyne Binsacks Brief erreichte mich an einem verregneten Morgen. Sie möge meine Art zu schreiben, stand drin – und sie suche für ihr Buch eine Verfasserin und würde mich gerne kennen lernen. Ich hatte zu diesem Zeitpunkt schon von ihrem Erfolg auf dem Mount Everest gelesen und mir dabei im Stillen gedacht, das müsse eine ganz »Verbissene« sein. Sie kennen zu lernen, reizte mich.

Wir trafen uns am Hauptbahnhof Bern. Ich glaube, wir wussten beide vom ersten Moment an, dass die Chemie stimmte. Evelyne gefiel mir. Braun gebrannt und groß gewachsen stand sie da, in kurzen Hosen, einem engen Top und mit einem offenen, herzlichen Lachen, das nicht nur ihre weißen Zähne zeigte, sondern auch ihr offenes Wesen. Mir war sogleich klar, wenn sie etwas nicht ist, dann verbissen. Ihr Händedruck war angenehm fest.

Wir entschieden uns, es zusammen zu versuchen. Ich reiste zu ihr nach Beatenberg, nahm Laptop, Tonband und viel Zeit mit – wusste ich doch damals noch nicht, dass Evelyne nicht still sitzen kann. Die Interviews wurden für sie zur Tortur. Bereits nach einer halben Stunde begann sie jeweils ihre Stirn zu reiben. Nach weiteren dreißig Minuten verlangte sie nach einer einstündigen Pause, um auf einen Berg »raufzuseckeln«, wie sie sagte, oder ins Fitnesscenter zu radeln; stand aber bereits nach einer halben Stunde wieder da. Ihr schlechtes Gewissen, sagte sie, lasse es nicht zu, mich einfach so sitzen zu lassen. Aus dieser »Misere« rettete uns meine zweijährige Klettererfahrung, wir trafen eine Abmachung: eine Stunde Arbeit, drei Stunden Klettern. Bald wurde auch am Berg klar: Die Seilschaft, die wir bildeten, funktionierte. Am Fels schätzte ich ihre Ruhe, die sie an den Tag legte, und begann ihre Unruhe zu verstehen, wenn sie nicht in der Natur sein konnte.

Dann kam die Zeit, in der Evelyne sehr beschäftigt war. Ihre Mount-Everest-Vorträge, die sie – zusammen mit Stefan Pfander – in der ganzen Schweiz hielt, hielten sie auf Trab. Sie machte mir den Vorschlag, meine Fragen aufzuschreiben, damit sie während der langen Autofahrten ihre Gedanken dazu auf ein Tonband sprechen konnte. Das klappte ganz gut. Brauchte ich genauere Ausführungen, begleitete ich sie auf ihrer Tour, fuhr mit ihr von Luzern nach Aarau oder von Interlaken nach Domat-Ems, traf sie auch in Zürich, führte sie durch dieses Gewühl von Menschen und Straßen und Autos und Kreuzungen, was ihr Schweißausbrüche verursachte.

Daneben hielt ich mich an die Tagebuchaufzeichnungen, die sie während ihres Aufenthaltes am Mount Everest im »Thuner Tagblatt«, im »Berner Oberländer« und in der »Berner Zeitung« veröffentlicht hatte und die vom Journalisten Beat Straubhaar mit interessanten Fakten ergänzt worden waren. Ich suchte im Internet nach Spuren der frühen Alpinistinnen und der heutigen Höhenbergsteigerinnen und informierte mich über Tibet und den Mount Everest. Was ich schrieb, legte ich Evelyne vor, sie ergänzte, führte aus, gab ihr Okay, und als sie für längere Zeit nach Kanada verschwand, um von dort aus ihre Nordpolexpedition zu rekognoszieren, blieben wir über Fax, Computer, Kurierdienste und Telefon verbunden. Und nicht zuletzt über einen Draht, der nicht sichtbar ist. Hätten wir diesen nicht spannen können, das Buch wäre höchstwahrscheinlich nicht entstanden. Dass es in der jetzigen Form vorliegt, ist aber nicht nur diesem Umstand zu verdanken, sondern auch der Tatsache, dass ich vom Fachwissen verschiedenster Menschen profitieren durfte.

Herzlich danken möchte ich: dem Autor Daniel Anker, dessen Wissen im alpinen Bereich unendlich zu sein scheint; Elke Baumann für das Lesen des Manuskripts; Erika und Raymond Binsack für ihre Offenheit; dem Fotografen Robert Bösch; dem Meteorologen Thomas Bucheli; Professor Arthur von Felten; Susanne Grieder vom Alpinen Museum in Bern; Willi Hofstetter aus Zermatt; Ruedi Kaufmann für das Gespräch in aller Herrgottsfrühe in Grindelwald; der Journalistin Christine Kopp; Herrn Doktor Jürg Marmet für seine Mount-Everest-Geschichte und die Erlaubnis, seine Gedankengänge zum Thema Höhenalpinismus zu veröffentlichen; Samuel Michel aus Grindelwald; Prof. Oswald Oelz vom Triemlispital in Zürich für die Kontrolle der höhenmedizinischen Passagen; dem Bergführer Lieni Roffler, Besitzer der Buchhandlung für alpine Literatur »Piz Bube« in Zürich, für seine wertvollen Büchertipps; Ines Schibli vom Schweizerischen Bergführerverband in Zürich; Roland Steffan vom Völkerkundemuseum St. Gallen für die Erläuterungen zu Tibet und zur tibetischen Kultur; der Bergführerin Bettina Sulliger-Perren; dem Journalisten Freddy Widmer von der »Basler Zeitung«; der Historikerin Tanja Wirz für ihre mündlichen Ausführungen zu ihrer Lizenziatsarbeit und für die Erlaubnis, aus dieser zitieren zu dürfen; Remo Zberg für seine Erinnerungen an die Leichtathletin Evelyne Binsack; den Redaktionen der Publikationen »Die Alpen« in der Schweiz und »Klettern« in Deutschland für die telefonischen Auskünfte; dem Verleger Gian Laube für seine Anregungen und ganz besonders der Lektorin Regula Walser, die viel zum Gelingen von »Schritte an der Grenze« beigetragen hat.

Gabriella Baumann-von Arx

Anker, Daniel: *Eiger. Die vertikale Arena.* AS Verlag, Zürich 2000, 3. überarbeitete Auflage.

Bonatti, Walter: *Berge meines Lebens.* AS Verlag, Zürich 2000.

Buscaini, Gino, und Metzeltin, Silvia: *Patagonien.* Bruckmann Verlag, München 1990.

Francia, Luisa: *Der untere Himmel. Frauen in eisigen Höhen.* Econ Taschenbuch Verlag, München 2000.

Gillman, Peter: *Everest. 80 Jahre Triumphe und Tragödien.* Bruckmann Verlag, München, aktualisierte Ausgabe 2001.

Habeler, Peter: *Der einsame Sieg.* Frederking & Thaler Verlag, München 2001, 2. Auflage.

Heckmair, Anderl: *Eigernordwand, Grandes Jorasses und andere Abenteuer.* AS Verlag, Zürich 1999, 4. Auflage.

Messner, Reinhold: *Mount Everest. Expeditionen zum Endpunkt.* BLV Verlagsgesellschaft, München 2003.

Oelz, Oswald: *Mit Eispickel und Stethoskop.* AS Verlag, Zürich 2002, 6. Auflage.

Reinisch, Gertrude: *Wanda Rutkiewicz. Karawane der Träume.* Bergverlag Rudolf Rother, München 1998.

Reznicek von, Felicitas: *Von der Krinoline zum sechsten Grad.* Bergland Verlag, Salzburg 1967, vergriffen.

Rose, Dave, und Douglas, Ed: *Die Gipfelstürmerin. Triumph und Tragödie der Alison Hargreaves.* Econ Ullstein List Verlag, München, deutsche Erstausgabe 2000.

Schmid, Walter: *Menschen am Matterhorn.* Hallwag, Bern und Stuttgart 1975, 5. Auflage.

Tenzing, Tashi, und Tenzing, Judy: *Im Schatten des Everest.* Frederking & Thaler Verlag, München 2003.

Venables, Stephen: *Everest. Die Geschichte seiner Erkundung.* Frederking & Thaler Verlag, München 2003.

Wirz, Tanja: *Gipfelstürmerinnen: Alpinismus und Geschlechterordnung in der Schweiz 1863–1938.* Lizentiatsarbeit am Historischen Seminar der Universität Zürich, Philosophische Fakultät, Zürich 1999.

Weitere Informationen finden Sie im Internet unter:
www.binsack.ch
www.everestnews.com
www.explora.ch
www.reinhold-messner.de
www2.sfdrs.ch